作者简介

郭　磊，北京大学文物与博物馆学博士。现任郑州商代都城遗址博物院书记、院长。主要研究方向：博物馆管理与研究、大遗址保护、文化遗产活化利用。在各级期刊发表学术论文十余篇，参与学术著作与图录编写二十余本。

马玉鹏，郑州商代都城遗址博物院副院长，研究馆员。主要负责博物馆陈列展览、大遗址保护展示工作。著有《郑州商城遗址保护》，在《中国博物馆》等期刊上发表多篇论文。

李　杰，郑州商代都城遗址博物院副院长。主要负责商代都城遗址保护和管理等工作。

缪斯

MUSE

文库

本书由中国博物馆协会与腾讯基金会"腾博基金"资助

巍巍亳都　王都典范

The Mighty Capital Bo, A Paragon of Royal Capitals

郑州商代都城遗址博物院

基本陈列

策展笔记

郭　磊　马玉鹏　李　杰　著

ZHEJIANG UNIVERSITY PRESS
浙江大学出版社
·杭州·

图书在版编目（CIP）数据

巍巍亳都　王都典范：郑州商代都城遗址博物院基
本陈列策展笔记 / 郭磊，马玉鹏，李杰著 . -- 杭州 ：
浙江大学出版社，2024. 11. --（中国博物馆陈列展览精
品·策展笔记）. -- ISBN 978-7-308-25276-8

Ⅰ . G269.276.11

中国国家版本馆 CIP 数据核字第 202405ZU92 号

巍巍亳都　王都典范

郑州商代都城遗址博物院基本陈列策展笔记

郭　磊　马玉鹏　李　杰　著

出 品 人	褚超孚
策划编辑	张　琛　陈佩钰　吴伟伟
责任编辑	杨　茜
责任校对	赵　珏
美术编辑	程　晨
出版发行	浙江大学出版社
	（杭州市天目山路148号　　邮政编码：310007）
	（网址：http://www.zjupress.com）
排　　版	浙江大千时代文化传媒有限公司
印　　刷	杭州捷派印务有限公司
开　　本	710mm×1000mm　1/16
印　　张	14
字　　数	196千
版 印 次	2024年11月第1版　2024年11月第1次印刷
书　　号	ISBN 978-7-308-25276-8
定　　价	88.00元

总　序

　　在社会主义文化强国建设的进程中，博物馆扮演着中华文明优秀成果守护者、传承者与传播者的重要角色。作为博物馆教育与传播的核心媒介，陈列展览成为博物馆守护文化遗产、传承中华文明、讲好中国故事的关键工作。好的陈列展览离不开好的策展工作。策展是构建陈列展览的过程，是通过逻辑和观念的表达，阐释文物藏品的多元价值，构建公众与遗产之间的对话空间，激发广泛社会价值与文化价值的思维和组织活动。博物馆策展的理论与实践水平，很大程度决定了陈列展览的思想境界、文化内涵、艺术品位与传播影响。因此，博物馆策展的学术研究和业务能力建设是提高博物馆陈列展览工作业务水平和影响效果的重要途径；某种意义上，也是促进我国博物馆事业高质量发展的关键所在。

　　"中国博物馆陈列展览精品·策展笔记"丛书的出版，正是源于对上述问题的思考。作为我国博物馆行业发展的协调者与促进者，中国博物馆协会长期致力于博物馆展陈质量建设和策展能力提升。在持续不断的摸索和实践中，许多博物馆同仁建议我们依托"全国博物馆十大陈列展览精品推介活动"，围绕一批业内公认的具有较大影响力与鲜明特色的获奖展览项目，邀请策展团队，形成有关策展过程和方法的出版物。在不断的讨论中，我们逐渐明确：这种基于展览策划的出版物，显然不同于博物馆中常见的对于展览内容及重点文物介绍的"展览图录"，而更适合被称为"策展笔记"。

　　所谓"策展笔记"，一方面，要聚焦"策展"的行动内容，也就是要透过展览看幕后，核心内容是展览从无到有的建设过程，尤其要重点讲述展览选题、前期研究、团队组建、框架构思、展品组织、形式设定、艺术表达、布展制作等当代博物馆展览策划的核心流程及相关体会。另一方面，要突出"笔记"的内涵风格。如果与记录考古工作的过程、方法与认识的"考古报告"相类比的话，"策展笔记"则是对陈列展览的策展过程、方法与认识的重点记录。与此同时，作为与"随笔""札记"等相似的"笔记"文体，也应带有比较强烈的主观性、灵活性和较高的自由度，宜以第一人称的口吻展开，重在呈现策展的心路历程与思考感悟，而不苛求内容体系的完整性与系统性；重在提炼策展的经验、理念、亮点，讲好值得分享的策展专业理论、专业精神、专业态度和专业手法等。我们相信，这样的"策展笔记"，不但可以作为文博行业了解我国文博系统优秀展览的"资料工具书"，也可以作为展陈从业者策展创新借鉴的"实践参考书"，还可以作为普通大众的"观展指南书"，帮助他们了解博物馆幕后工作，更好领略博物馆展陈之美。

丛书第一辑收集了 2019—2021 年度全国博物馆十大陈列展览精品推介的代表性获奖项目，覆盖全国不同地域，涵盖考古、历史、革命纪念等不同类型。由于缺乏经验借鉴，加之展览类型的多元性、编写人员构成的差异性等，在撰稿与统稿过程中，我们遇到了远超预期的挑战。这些挑战包括但不限于：如何平衡丛书的整体风格与单册图书的个体特色；如何兼顾写作内容的专业性特质与写作表达的大众性要求；如何将策展实践中的"现象描述"转化为策展理念的"机制提炼"，充分体现策展的创新点和价值点；如何实现从"报告思维"向"叙事思维"的转型，生动讲述策展的动人细节；如何在分析个案内容的同时对行业的普遍性、典型问题进行有效回应，发挥好优秀展览的示范作用；如何解决多人撰写所产生的文风不统一问题，提高统稿工作的质量和效率；等等。幸运的是，在各馆撰稿团队的积极配合下，在专家的有力指导下，我们通过设定指导性原则、确定写作指南、优化统稿与编审机制等途径，一定程度克服了上述挑战难题，基本完成了预期目标。

　　这套丛书的问世，离不开撰稿人、专家和编辑的辛勤劳动。我们衷心感谢北京鲁迅博物馆（北京新文化运动纪念馆）、中国人民革命军事博物馆、山西博物院、吴中博物馆、扬州中国大运河博物馆、杭州市萧山跨湖桥遗址博物馆、山东博物馆、湖北省博物馆、盘龙城遗址博物院、成都武侯祠博物馆、陕西历史博物馆、秦始皇帝陵博物院、和田地区博物馆等博物馆策展团队撰稿人的精彩文本。同时，我们衷心感谢南京博物院理事长、名誉院长龚良，复旦大学文物与博物馆学系主任陆建松，浙江大学艺术与考古学院教授严建强，北京大学考古文博学院教授宋向光，上海大学现代城市展陈设计研究院执行院长李黎，西安国家版本馆（中国国家版本馆西安分馆）副馆长董理，清华大学美术学院副教授李德庚等多位学者、专家的认真审读与宝贵的修改建议。感谢浙江大学出版社董事长、党委书记、总编辑褚超孚，以及社科出版中心编辑团队的细致审校和精心编辑，他们的工作为丛书的顺利出版提供了坚实的保障。浙江大学艺术与考古学院"百人计划"研究员毛若寒博士在这套丛书的方案策划、组织联络、出版推进等方面，用力尤勤，付出良多。此外，还有许多在本丛书筹划、编辑、出版过程中给予帮助的专家、老师，无法一一列举，在此谨对以上所有人员致以最真挚的感谢和敬意。

　　严建强教授在一次咨询会上曾对这套丛书给过一个很高的评价，认为它是当代博物馆专业化建设的一个重要的里程碑。对于这个赞誉，我们其实是有点愧不敢当的。我们很清楚，丛书第一辑的整体质量还有待提升，离"里程碑"的高度存在一定差距。但通过第一辑的编辑出版，我们为接下来的第二辑、第三辑的编写积累了经验、增强了信心。今后，我们会继续紧扣"策展笔记"作为"资料工具书""实践参考书"与"观展指南书"的核心功能定位，继续深化对于博物馆展览策展笔记的属性、目标、功能、内涵、形式等方面的认知，努力通过策展笔记的编写，带动全行业策展工作专业水平的整体提升。这虽然是一件具体的事情，但对构建博物馆传承与展示中华文化的策展理论体系和实践创新体系，推动博物馆守护好、展示好、传承好中华文明优秀成果，为博物馆事业的高质量发展、为建设社会主义文化强国不断做出新贡献，是很有积极意义的。我们相信，有全国博物馆工作者的积极参与，我们一定能把这套丛书做得更好，做成中国博物馆领域的著名品牌。

是为序。

刘曙光

中国博物馆协会理事长

2023 年 8 月

第二辑赘言

自"中国博物馆陈列展览精品·策展笔记"第一辑问世以来，我听到了文博业界及学术圈同仁们不少的夸奖。一些博物馆展陈从业人员自发撰写评论，从实操与理论等层面解读策展理念，提炼专业经验。浙江大学、陕西师范大学等高校将其纳入教学过程，作为培育新一代策展人的学习资料，凸显了"策展笔记"的教育价值。微信读书以及各类新媒体平台的留言体现出"策展笔记"已成为广大观众理解博物馆策展艺术、深化观展体验的"新窗口"，拉近了公众与博物馆文化的距离。不少读者热情高涨，纷纷点赞并留下评论，将之视为"观展宝典"。

读者的肯定，是我们编辑出版"策展笔记"的最大动力。在2023年11月第一辑刚发行之时，第二辑也进入了紧锣密鼓的撰写阶段。基于前期积累，第二辑在保持原有特色的同时，力求策展写作内容深度与广度的双提升，旨在展现中国博物馆策展实践的多元视角与前沿动态。

江西省博物馆的"寻·虎——小鸟虎儿童主题展"，作为"策展笔记"第一例儿童主题展览，深刻揭示了策展人对儿童心理与行为特征的敏锐洞察，彰显了博物馆对儿童受众的关怀与重视，映衬出博物馆服务理念的革新与拓展。上海天文馆的"连接人和宇宙"基本陈列作为自然科学类展览在丛书中首次呈现，极大地丰富了"策展笔记"的题材与内涵。广东省博物馆的"焦点：18—19世纪中西方视觉艺术的调适"，是粤港澳大湾区首屈一指的外销画专题展览，荣获"十大精品推介"之"国际及港澳台合作奖"，反映出中国博物馆策展的国际视野，亦是出入境展览在"策展笔记"中的初次亮相。值得一提的是，我们特别收录了虽未参与"十大精品推介"但承载着深厚文化内涵与当代价值、在故宫博物院举办的"何以中国"展览。我们认为，独特的时代性、典型性与代表性，使其成为不可多得的策展典范；我们坚信，其策展智慧值得广泛传播与深入探讨。

在"导览"篇章，"策展笔记"第二辑更加注重构建"策展人导览观展"的沉浸式氛围。例如，上海天文馆的策展笔记立足科普导游与创意巧思，构建出令人心驰神往的宇宙奇景，极大提升了读者的参与感与体验度。"策展"篇章的解析深度与广度也有所提升，体现出更加强烈的问题意识，在撰写个案的同时探讨普遍性议题。如"何以中国"的策展笔记首次提出了"展览观"的命题，深入剖析展览背后的策展理念与文化价值，启发策展人对展览本质的再思考。同时，第二辑还加大了对展览"二次研究"和"学理解析"的力度，对策展相关的"叙事""阐释""符号"等现象进行了学理上的深入探究，将理论成果融入策展实践，进一步提升了展览的学术性和专业度。

技术细节的呈现成为"策展笔记"第二辑的另一大亮点。如对陕西考古博物馆的"考古圣地华章陕西"主展标设计过程的全揭秘，不仅展现了策展团队的匠心独运，也让读者对展览背后的专业技术支撑有了更直观的认识。

最后，第二辑在观展与策展之间建立了更紧密的联系。在"观展"篇章，不少书稿引入观众报告，让策展工作更贴近观众需求，提升了展览的互动性与社会影响力，折射出了策展与观众的双向赋能。

"策展笔记"第二辑依然集结了一支由撰稿人、专家与编辑组成的优秀团队。在此，我们向故宫博物院、辽宁省博物馆、上海天文馆、苏州博物馆、浙江省博物馆、杭州市临平博物馆、江西省博物馆、郑州商代都城遗址博物院、广东省博物馆、中山市博物馆、广西壮族自治区博物馆、四川博物院、陕西考古博物馆等多家博物馆的策展团队贡献的精彩文本表示由衷感谢。同时，还要继续感谢南京博物院理事长、名誉院长龚良，复旦大学文物与博物馆学系主任陆建松，浙江大学艺术与考古学院教授严建强，北京大学考古文博学院教授宋向光，上海大学现代城市展陈设计研究院执行院长李黎，西安国家版本馆副馆长董理，清华大学科学博物馆（筹）高级顾问杨玲等专家学者，他们的专业审读和中肯建议对提升"策展笔记"内容质量起到了关键作用。我们还要向浙江大学出版社董事长、党委书记、总编辑褚超孚，副总经理张琛，社科出版中心编辑团队及所有参与的工作人员致敬，他们一丝不苟的工作态度与精益求精的专业精神，确保了"策展笔记"第二辑的高质量出版。我还要特别鸣谢今天在浙江大学艺术与考古学院任"百人计划"研究员的毛若寒博士。作为执行主编，他不仅协助我延续并深化了策展笔记的体例，更以其富有朝气的学术洞察力推动了丛书品质的进一步提升。此外，还有许多未被逐一提及的专家和同仁，他们的辛勤工作和专业精神对整个编撰项目至关重要，我对他们表示由衷的感谢和敬意。

　　"策展笔记"如同一扇开启多元视野的窗，亦如聚焦万象的镜头，第二辑尤为如此。它不仅展现了中国博物馆展览生态的丰富多样，更深刻揭示了策展实践背后的创新思维与理论深度。从第一辑至第二辑，这套丛书见证了中国博物馆策展领域的进步，每一页笔记都凝结着策展人对新时代博物馆的角色与功能的深邃思考。这一历程不仅是策展理念革新的实录，亦是中国博物馆人敢于探索、勇于创新精神的鲜活体现。展望未来，我们将秉持"讲好中国故事"的初心，以"策展笔记"为桥梁，不断深化对新时代博物馆使命的理解与实践，致力于通过精品展览传承中华优秀传统文化，弘扬革命文化，发展社会主义先进文化，为建设社会主义文化强国、推进中国式现代化贡献博物馆的力量。

刘曙光

2024 年 8 月

巍巍亳都 王都典范

The Mighty Capital Bo,
A Paragon of Royal Capitals

城市中心区大遗址保护展示的博物馆探索

　　"巍巍亳都　王都典范——郑州商代都城文明展"中有一件"特殊"的展品——安金槐先生的手稿《对于筹建"郑州商城博物馆"的设想》。这份手稿写于 1989 年 1 月 20 日，距郑州商代都城遗址博物院建成开馆已有 30 余年。在这份手稿中，安先生阐述了郑州商城遗址的重大价值，指出"郑州市目前没有一座能够比较全面陈列郑州商城出土文物的博物馆"，而安阳殷墟和偃师商城都修建了博物馆，他建议开始筹建郑州商城博物馆，并对馆址和馆内布局提出了一些设想（图 1-1）。而他所设想的馆址就在郑州商城内城东南城垣内侧，与如今的馆址一致。这件展品之所以珍贵与特殊，不仅在于它是出自郑州商城发掘与研究史上的重要人物安金槐先生之手，还在于它代表了郑州商城遗址保护展示漫长的博物馆探索之路。

　　在城市中心区大遗址保护展示工作中，郑州商代都城博物院针对以下问题进行了思考和探索。

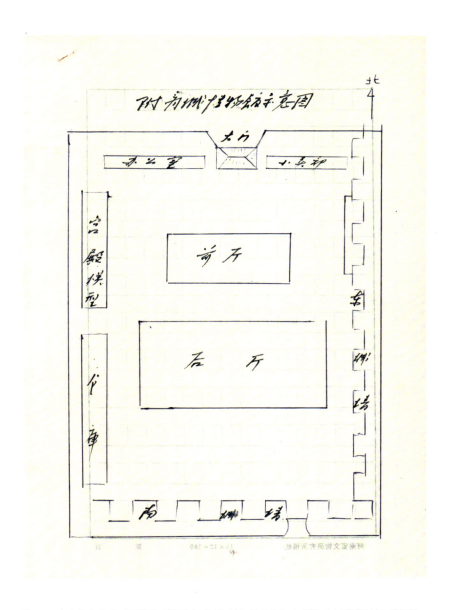

图1-1　安金槐先生《对于筹建"郑州商城博物馆"的设想》中所附"商城博物馆示意图"

一、城市中心区的遗址博物馆从何而来？

　　城市的发展与中国文明的进程密切相关，郑州为中国八大古都之一，早期中国城市文明缘于此地。从古城寨、新砦、二里头到郑州商城，公元前 2000—前 1000 年，随着青铜时代的到来，中原地区的城市化进程出现空前的发展态势，国家文明的雏形在这里起步。王朝都城及以其为中心的区域形成了最早的"中国"。其文明因素向四周强势辐射，奠定了后世"中国"的基础。

　　郑州商代都城遗址博物院是诠释 3600 多年前古都文明进程的历史文化名片与窗口，不仅是一个地方性的象征，更是一个民族、国家的象征。它为现在或以后的人们了解过去架起了一座时空桥梁。

　　从国家到公众，越来越多的人，包括考古遗址所在地的居民，都在关注和思考，他们与遗址直接密切的文化关联和传承关系。重要的文化遗址，怎样去开放、去展示、去讨论、去利用，才能使更多的人参与到文化遗址保护工作中来，分享文化成果，将文化遗产的意义传递下去？郑州商代都城遗址博物院从设想开始即承担着这一重大的历史使命。

（一）一场漫长的期待与谋划

　　郑州地处中原文化的中心区域，历史上夏、商、管、郑、韩都曾建都于此，历史文化资源丰厚，有全国文物保护单位 40 多处，居河南省第一。

　　郑州商城遗址，历经一代又一代考古工作者 70 余年的发掘研究。自 1950年被韩维周先生发现，至 1952 年，考古工作人员开始了郑州商城遗址的第一次正式考古发掘。1954 年春，安金槐先生带领团队，在二里岗一带开展了大规模的考古发掘工作；1955 年，考古工作人员发现城墙遗址，由此确定此为商代城址。1973 年到 1979 年，郑州商城内相继发现宫殿基址 20 多处，由结构复杂的宫殿建筑群，可以断定遗址东北就是商代二里岗时期王室贵族的宫殿区。20 世纪八九十年代，郑州商城外城郭的发现，把郑州商城考古推向了新的高峰。1986 年 6 月，考古人员发现了一段南北走向的夯土墙。郑州商城工作站随即组织人力对夯土墙进行了解剖性发掘，并验证了外城墙的存在。在郑州商城内城和外城之间，发现了多处商代青铜冶炼、骨器制作、陶器制作的作坊遗址，并发现了大量的墓葬区；城池内外，还发现了青铜窖藏和祭祀场地。截至目前，商城遗址出土的文物数以万计，价值巨大。

郑州商城遗址具有独特厚重的人文价值。目前发现的郑州商城城址具有内城、外郭，有着完整的防御功能体系，是目前我国发现规模最大、保存最完好的商代前期都城遗址，总面积约为 25 平方公里。城内有多座大型宫殿遗址，铸铜、制陶、制骨等作坊遗址，以及大批王室青铜礼器等重要文化遗存。世界上容纳人口最多的聚落，优越的生态资源，得天独厚的地理优势，组成了这座伟大的早商之城。郑州商城是商王朝的开国之都，作为世界范围内现存同时期规模最大的王都遗址，郑州商代都城遗址的发现对认识商代前期历史、对商文化研究、对中国早期青铜文明研究及中国古代城市的形成和发展研究具有重要的意义。该遗址是中华早期文明探源的重要载体和支撑，也是世界古代文明史上的一颗璀璨明珠。郑州商城遗址的文化内涵代表了早商文明的发展高度，是中华文明形成环节中的重要一环。它的发现填补了殷墟文化之前的商文化空白，也为夏文化和先商文化的探索奠定了基础，对中华文明的形成和发展产生了广泛而深远的影响。1961 年，"郑州商代遗址"成为第一批全国重点文物保护单位；2001 年，其被列入"20 世纪中国 100 项考古大发现"；2021 年，其入选"全国百年百大考古发现"；2022 年 12 月，郑州商城考古遗址公园被评为第四批国家考古遗址公园。

　　一部中原史，半部中国史。郑州商城犹如一幅早商文明的画卷，徐徐展开。然而，遗址的保护与利用任重而道远。郑州商城遗址位于郑州市中心城区核心地带，由于复杂的环境、高密度的地面居住人群，半个世纪以来，商城遗址的保护历经艰辛。遗址所在的郑州老城区，长度近七公里的夯土城墙，散存于市中心的四面八方。城墙内外的宫殿、作坊、墓葬遗址等，占地面积约为 25 平方千米，重点保护范围为 42 万平方米，涉及三个行政区、上万家单位和居民。这给遗址的保护与展示带来了巨大的压力与难度。

　　郑州商城遗址保护和展示的核心是位于遗址中部的内城，内城垣目前还有不连续的总共近 3 千米的长度在地面可见。宫殿区城墙、大型夯土基址、供排水设施（输水管道及蓄水池）、祭祀遗迹等，以及外郭城墙，地面已无存。内城和外郭城之间有青铜器窖藏坑、手工业作坊区、墓葬区、一般居民区等遗迹，在发掘结束后进行了城市基本建设。长期以来，郑州商城遗址的丰富内涵和巨大价值都难以得到全面展示。

　　由于历史原因，郑州商城遗址一直缺乏一个集中展示其丰富文化内涵的场所，影响了郑州作为历史文化名城、八大古都之一、国家中心城市的地位和形象。随着郑州商城考古和研究成果的不断丰富，为了建设一个郑州商城遗址的专题博物馆，面向大众做全面反映郑州商代都城遗址文化内涵的专题展览，一场漫长的马拉松式的谋划也随之开启。

　　20 世纪 80 年代，建设"商城博物苑"的设想就已经被提出。1991 年，遗址保护管理机构委托河南省古代建筑保护研究所做了郑州商城博物馆的规划设计方案。在后来召开的研讨会上，与会专家、学者、领导一致认可在商城遗址上建成一个商文化博物苑的整体规划。1993 年，当时的遗址保护管理机构（郑州市商城遗址保护管理所）撰写了《郑州商城遗址的保护与利用——商城博物苑概要（草案）》。这版草案也可以看作遗址公园的规划概要，拟围绕城墙和遗址重点保护区，以绿化为纽带，布置十大景观。第一景观是在东南城垣内侧，

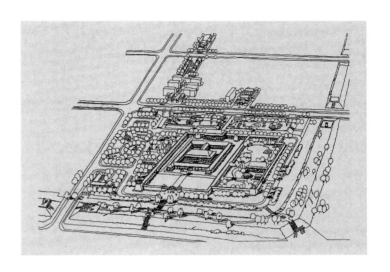

图1-2　1994年《郑州历史文化名城保护规划》中对商城博物苑的设想

规划修建展厅，布置渔猎场景，恢复制骨、制陶和铸铜作坊。1994 年，李铁映同志在听取郑州商代遗址保护方案中建设郑州商城博物苑的规划后，将商城博物苑更名为"隩都园"，并挥笔题写园名。1994 年颁布的《郑州历史文化名城保护规划》中，也有了郑州商代遗址"商城博物苑"的规划（图1-2）。

　　20 世纪 90 年代规划的"隩都园"拟选址在郑州商城遗址东南角，当时就考虑到可以和城隍庙、文庙、子产祠等文物古迹连成一片，构成一个文物景区。"隩都园"的规划设计是一个大的商代文化展示区，集园林绿化、群体雕塑、文物陈列展示于一体。展室作为整体环境的一部分，当时（1996 年）的规划建设方案就提出要注意把建筑和环境结合起来，"因地制宜地利用环境、创造环境""从建筑的造型、体量、格调、色彩、气氛等方面去考虑与环境的关系，使之成为一个有机的整体，相互辉映，相得益彰""建筑造型吸收借鉴商代四阿重屋的建筑特点，外观古朴庄重，内部具有现代化博物馆陈列展览标准，陈列郑州商城遗址出土的文物及复仿制品，配合文图并茂包括立体及平面的辅助材料，真实地再现当时的社会文化生活诸方面的情景"。

　　"隞都园"的规划已经形成较为成熟的方案和设计，并召开了论证会，邀请国内郑州商城遗址研究的诸多专家参与。前期也已经进行了可行性研究、办理了各类行政批复手续，做了大量的工作。除商城博物苑之外的规划陆续开始实施，遗址东南城垣内侧地块由于历史原因，被大量生产生活场所占据，拆迁难度大，未能马上实施。2001年，郑州市人民政府形成会议纪要，决定商城博物苑的建设由市文化局提出方案报市政府批准后，一并纳入整体规划并同步进行建设；同年，郑州市文化局邀请省市专家研讨郑州商城博物苑建设相关问题。2002年，又举行了博物苑的规划研讨会。2003年，举办了规划设计研讨会，并召开了详细规划的汇报论证会，邀请专家对方案进行全面论证，并提出设计要点；同年年底，来自全国的专家学者对清华大学城市规划设计院所做的《郑州商城保护整治规划暨商城博物苑详细规划》进行评审。在这之后，又陆续召开了多次建设座谈会、研讨会、论证会，形成了多份相关文件和纪要。2012年，郑州市商代都城博物院项目在东南城垣内侧举行了奠基仪式。2016年1月，建筑区域拆迁工作基本完成，3月全面开工建设。2022年7月26日，郑州商代都城遗址博物院正式开馆。

　　从20世纪80年的设想，到如今"巍巍亳都　王都典范——郑州商代都城文明展"的面世，40多年来，在无数专家的呼声中，在民众的翘首企盼中，经过政府、一代代"商城人"一步一个脚印的谋划、推动、实施，漫长的酝酿终于成为现实。建设一个郑州商城遗址专题博物馆，面向大众展示郑州商代都城遗址文化内涵的专题展览的蓝图如同放在显影液中的照片，从模糊逐步清晰。

（二）一个反复琢磨的展名

从展览的筹备开始，展览的名字随着展览大纲的一遍遍打磨也几经变更。一个好的展览标题，首先要切题，符合展览的内容；还要能点题，对展览的内涵和主旨起到指引作用；除此之外，也要朗朗上口，便于观众记忆和传播。

郑州商代都城遗址博物院的展览标题，一开始取为"泱泱亳都——郑州商都文明展"，简单明了，主标题点出"亳都"属性，副标题体现展览内容，但略显气势不足。后来几经商讨，改为"巍巍商都　王都典范——郑州商都文明展"，主标题四字排比，更为响亮，但主标题与副标题中的"商都"重复了。那段时间，大家时时琢磨展览题目，前后想了许多个，但都不甚理想。最后，在一次团队讨论会上，大家灵光乍现，仅改动几个字，竟取得了意想不到的效果，得到大家的一致认可。就这样，展览标题"巍巍亳都　王都典范——郑州商代都城文明展"最终确定下来。

"巍巍亳都　王都典范——郑州商代都城文明展"这个展览名字，有三个方面的含义。

第一是点题。直接在展览标题中明确都城的性质，不仅是商代的王都，而且是汤所建的亳都，商代开国之都。

第二是明确郑州商城的地位。郑州作为商代开国之都，从其文化内涵来看，也是历史上都城的"典范"。"典范"在这里有两层含义：一是如《尚书·多士》所记载，"惟殷先人，有册有典"，郑州商城发现的牛肋骨刻辞与甲骨文一脉相承，使郑州商城的研究有"典"可循；二是"模范"之意，而我们现在的"模范"一词正是由青铜器铸造工艺用词引申演化而来。

第三是开篇渲染展览氛围，烘托展览主题。郑州商城具备了文字、青铜（金属）、城市这文明三要素，是同时期世界上几个伟大的城市之一，"巍巍""王都""典范"使观众在展览名字入眼时，即能体会到郑州商城的宏伟规制，敬意油然而生。

二、城市中心区大遗址需要什么样的博物馆保护展示?

目标定位是遗址博物馆展览策划实施的基础,它来源于遗址及遗址相关的历史文化背景、馆藏资源基础,服从于博物馆的整体定位并服务于博物馆定位的实现,同时也来源于展览服务的目标观众群体定位。其中,遗址的形成具有鲜明的时代性和地域性,折射出的文化内涵使人们便于把握历史的脉搏,形成博物馆的个性与特色。"巍巍亳都　王都典范——郑州商代都城文明展"将"读城"作为展览定位与策展理念,集中展示郑州商城遗址考古发掘与研究成果,全面阐释遗址文化内涵,解读 3600 多年前商代早期王都的历史文化。

(一)基于遗址特色的展览

郑州商代都城遗址博物院是为保护展示郑州商城遗址而兴建的专题遗址博物馆,为促进城市中心区大遗址保护与现代城市建设的和谐共生提供了解决方案。郑州商城遗址是一个位于城市中心区的大遗址,叠压在现代城市之下,被鳞次栉比的高楼大厦与民舍房屋挤压。历年的考古发掘基本是配合城市基础建设进行的,所得到的信息是碎片化的、非连贯的。目前我们能看到的郑州商城,是一座碎片化的城,而不是一座完整的城。70 余年的考古发掘与研究工作,像是在一座迷宫中探索,不断得到信息碎片,如拼图般逐渐拼出如今这幅呈现在我们面前的早商王都的辉煌面貌。遗址的碎片化给展览的策划实施带来了很大困难,但从另一方面来看,遗址的碎片化所带来的不确定性与非定型性,也给我们的展览增加了更多的可能。从一开始，基于遗址碎片化的特色，我们就将展览定位为一个可根据考古发掘研究成果随时更新的、不断补充与调整的、动态式的遗址博物馆展览。

郑州商代都城遗址博物院是一座遗址博物馆，遗址博物馆的难题是要用与遗址相关的文物来展现规模庞大的整个遗址面貌。郑州商代都城遗址博物院的前身是郑州市商城遗址保护管理处，作为商城遗址的保护管理单位，其不参与商城遗址的发掘和出土文物的收藏保管。我们的展览可以说是从无到有的、零起点的遗址博物馆展览，而这种"零起点"，也为我们的展览提供了更强的可塑性。

关于展览的主题定位，我们曾经也有过动摇和曲折。郑州商城遗址多年考古发掘的成果丰硕，但遗迹或限于体量，或限于埋藏环境及位置，不易在博物馆内集中展示，遗物或收藏于其他博物馆，或由考古发掘单位保管，想要集中展示，存在一定困难。曾有专家提议，依托郑州商城遗址的早商王都属性来做"商文化"展或者"八大古都"展。策展团队经过考虑，认为"商文化"展和"八大古都"展都太过泛泛，跟遗址博物馆的性质和定位不符。最终我们决定坚持初心，克服重重困难，做好属于郑州商城遗址自己的展览。郑州商城遗址70余年的考古发掘研究工作硕果累累，但这些成果多是沉寂于学者的案头、工作站的库房，那些曾经震惊社会的发现，揭示早期中国和商代社会文明发展的众多谜题，还没能进入公众的视野，转化为城市文化建设可资利用的形象和品牌资源。怎样将这些考古发现的珍贵信息以直观的形象、深入的解读、引人入胜的形式分享给社会大众，用博物馆的技术手段，展示当时商都的规模、都邑先民的生存形态，再现郑州城市往日的盛景，揭示城市和国家文明演进的轨迹，是我们在策展历程中不断反复考量的问题，是困难，也是挑战。

郑州商城遗址因其重大历史价值与意义，几乎所有讲述商代文明的展览中都会涉及。策展团队在前期也做了大量的调研。单就郑州本地来看，河南博物院的基本陈列"泱泱华夏 择中建都"以中原的建都历史为主线，在第二展厅"中原立国——夏商时期"以郑州商城为代表，讲述早商时期都邑的政治、经济、物质文化等。郑州博物馆的"创世王都"是郑州历史文物的基本陈列,郑州商城遗址部分是其中浓墨重彩的一笔。在郑州一地就已经有了两处讲郑州商城遗址历史的展览,并且展览展出的都是精品文物,我们要做郑州商城遗址的展览,如何区别于现有博物馆的陈列,办出自己的特色,成为策展团队需要重点考虑的问题。

回到我们的展览定位,既然要做属于郑州商城遗址自己的展览,介绍郑州商城发展历史、展示郑州商城遗址出土文物、面向市民进行文物知识普及教育和开展商城遗址及文物保护学术交流,那么就必须对准"遗址"这个关键点,从遗址出发,更深入、更透彻、更细致地去发掘遗址的内涵,聚焦于郑州商城遗址本身,紧扣郑州商城遗址的特色,如郑州商城遗址 3600 多年的延续,从高度、细度上专注于将遗址讲深、讲透,区别于其他讲郑州商城遗址的展览。而且在展览中一定要注重遗址的展示,这也是作为遗址博物馆的特色和要求。

(二)服务于遗址博物馆使命的展览

陈列展览是博物馆的重要组成部分,服从于博物馆的整体定位。同时,它是知识和思想传播的载体,要反映博物馆的性质和任务,是博物馆使命实现的最重要途径。

综合考量郑州商城遗址的内涵、价值和意义,遗迹及遗物的保存现状,遗址位于城市中心区的区位等特点,郑州商代都城遗址博物院的目标定位是介绍郑州商城发展历史、展示郑州商城遗址出土文物、面向市民进行文物知识普及教育和开展商城遗址及文物保护学术交流,集郑州商城遗址保护和管理中心、出土文物集中保存和展示中心、学术文化研究交流中心、商文化公众传播中心于一体。

郑州商城遗址是国务院公布的第一批全国重点文物保护单位，又是国家"十一五"期间重点保护的一百处大遗址之一。郑州商代都城遗址博物馆的建设，对郑州商城遗址的保护和管理提出了更高的要求。以郑州商城为代表的早商文明是我国古代文明发展的重要阶段，是郑州城市文化的主要标志。大力推介和宣传郑州商文化的影响力，是提高郑州国家历史文化名城知名度和美誉度的重要途径。因此，郑州商代都城遗址博物院办展的目标地位与之匹配适应，以进一步提升郑州商城遗址的保护管理水平和郑州商城遗址文化的影响力。

1. 郑州商城遗址保护和管理中心

作为郑州商城遗址专门的保护管理机构，原郑州市商城遗址保护管理处一直承担着繁重的郑州商城遗址保护管理工作。但是，管理处编制较少，办公地点分散，各项设施比较落后，使郑州商城遗址所需的管理、保护、学术交流和公众教育等活动受到了很大限制。郑州商代都城遗址博物院的建成，基本陈列"巍巍亳都　王都典范"的开放，不仅是郑州商城遗址保护和管理成果的体现，同时也极大地提高了郑州商城遗址保护和管理的水平。

2. 郑州商城遗址出土文物集中保存和展示中心

郑州商城遗址发掘 70 多年来，出土了大量的珍贵文物。但是，由于条件所限，郑州商城遗址的保护和管理机构缺乏文物保管和展示的场所，郑州商城遗址出土文物分散收藏于多家发掘单位和博物馆内，缺乏一个集中的展示空间。郑州商代都城遗址博物院建设了符合文物保存和保管条件的文物库房，配备了先进的现代化文物库房配套设施设备，为郑州商城遗址出土文物的集中保存提供了适当的必要条件。基本陈列展的策展目标之一是集中展示郑州商城遗址出土的文物，全面阐释郑州商城遗址文化内涵。

3. 郑州商城遗址学术交流和研究中心

郑州商城遗址是中国考古学的重要发现之一，是全国重点文物保护单位。郑州商城遗址发现于 1950 年，经过考古发掘的证明，这是一座早于商代晚期都城——安阳殷墟的商代遗址，对于商文化的研究具有重要的意义。这一城址的发现是商文化研究的一项重要发现，为研究商代社会和中国古代城市的形成与发展提供了重要的实物资料。郑州商城遗址拥有丰富的文化内涵和巨大的研究价值。博物馆的职责随着博物馆概念的产生和发展，从一开始的古物保管、展示，逐渐延伸到研究和教育。遗址博物馆作为博物馆的重要类型和组成部分，除承担博物馆的应有职责外，还天然地与考古有着更紧密的联系。因而，郑州商代都城遗址博物院与院内基本陈列也相应地承担起郑州商城遗址学术交流和研究阵地的职责。

4. 商文化公众传播中心

郑州商城的考古发掘和研究工作历经 70 余载，成果丰硕。郑州商城遗址在中国早期国家文明的发展中具有承上启下的重要作用和巨大价值。关于商文化的研究课题及成果灿若星辰，且公众对考古成果转化及大众科普、社会传播的兴趣与需求越来越高涨。郑州商代都城遗址博物院作为郑州商城遗址的保护和管理中心、出土文物集中保存和展示中心、学术交流和研究中心，也必须承担起商文化的公众传播中心目标任务，以馆内陈列为阵地，肩负起这一重大使命。

要全面展示郑州商城遗址出土的精美文物，面向市民开展文物知识普及教育，大力宣传郑州商城文化内涵，必须依托郑州商代都城遗址博物院的陈列展览。通过优秀的陈列展览，完成博物院展示、宣传中心的使命，使之成为每一个普通市民心中的精神家园。

文物古迹、文化遗址，是中华文明的历史积淀，是各民族创造出的灿烂文化的实物载体，是祖先留给我们的文化遗产，是一部中华民族永恒的史鉴。文化遗产是人类了解自身发展的重要线索和物证，是我们今天可以触摸的记忆、可以交流的历史，是人类社会可持续发展的文化基础和巨大财富。

陈列展览是博物馆联系公众的主要方式。博物馆的内涵底蕴，主要通过陈列展览来表现；博物馆与社会公众的联系，主要是以陈列展览为媒介；博物馆与外部的交流对话，亦主要是以陈列展览的形式进行。一个成功的展览可以提升博物馆的社会知名度，凸显其核心价值；一个成功的展览甚至可以提升一座城市的文化品位，成为这座城市的文化名片。郑州商代都城遗址博物院作为郑州商城遗址的集中展示、研学、参观地，其定位和目标也决定了博物院作为城市文化会客厅的重要作用。陈列展览成为我们与这座古老城市文脉的连接点，也是我们问询文脉基因的情感归属地。

郑州商代都城遗址博物院以展览真实、完整、直观地解读 3600 多年前商代早期王都的历史文化，是了解古都郑州历史的平台和载体，代表着整座城市的形象。同时博物院又可组织国内外有影响的学术讲座、研讨会，在陈列展示和文化遗产研究上加强对外交流，让全国乃至世界更加认识郑州、了解郑州，以此提高郑州的知名度，促进郑州国家中心城市综合竞争力的快速提升。这也是我们的使命之一。

（三）目标观众定位

遗址博物馆作为连接遗址与观众的桥梁，其目标之一是让观众走进博物馆进行参观活动。作为公共文化服务机构，服务好观众是博物院最基本的任务。博物馆通过陈列展览和教育活动等，为观众提供高品质的精神文化产品的同时，观众在博物馆内的参观和与博物馆之间的互动，也体现了博物馆的社会价值。

世界博物馆行业经历了一次以藏品为中心到以观众为中心的工作理念转变，观众体验已成为衡量博物馆高质量发展的一个重要指标。越来越多的博物馆将观众体验作为工作重心，将观众视为良师益友，走近观众、知晓观众、服务观众，通过与观众的互动汲取经验与教训，促进自身的不断进步。

陈列展览的受众是走进博物馆或者在线上"云参观"展览的观众，服务对象的满意是陈列展览成功的重要标志。从策展开始，满足多层次观众的观展需求也成了我们陈列展览的目标定位。

对于郑州商城遗址的系统展示与宣传一直是比较缺乏的。人们走进遗址公园，走近现存的内城垣遗址，能够领略到城墙的高大雄伟和公园的优美风光，但对于遗址的内涵和价值，缺乏展示和宣传的手段。作为郑州商城遗址的管理机构，我们也一直通过举办各种社教活动来宣传郑州商城遗址，多年来坚持开展郑州商城遗址价值认知宣传活动，走进社区，走进广场，走进学校，向大众宣讲，展示遗址的丰富内涵，宣传遗址的重大价值。我们利用走进群众的机会，针对不同群体发放调查问卷，收集意见，这为我们策展时了解观众提供了数据基础。

在策展开始时，除了重新梳理积累的观众调查资料，策展团队也开展了观众调查，通过发放问卷、咨询、访谈、网络搜集等多种手段，了解潜在观众对郑州商城遗址专题博物馆陈列展览的兴趣点和意见建议。通过调查研究，策展团队将观众群体分为三大类：一般感知欣赏群体、阅读理解群体和研究思考群体。如何兼顾不同群体观众的观展需求，也是团队在策展过程中反复考量和不断打磨的重点。

三、城市中心区大遗址的博物馆保护展示做了哪些探索？

　　大遗址的展示包括遗址本体展示和博物馆展示。郑州商代都城遗址位于城市中心区，遗址本体受到城市建设和居民生活影响，难以实现遗址的全面原状保护展示和考古展示，亟须在博物馆进行集中展示。部分不宜在原址展示的考古揭露的遗迹通过科学方式整体提取后，在博物馆内也能得到良好的保护及展示。因而在展览的策划中，我们也积极做了一些尝试和探索，形成自身的特色。

（一）"接天线"的展览

　　作为郑州商城遗址的专题博物馆，我们在展览中始终聚焦于郑州商城遗址，但又不局限于遗址，而是在一开始就跳出遗址，用全球视野，宏观地表述大河文明、世界青铜文化，向观众客观传达郑州商城遗址在世界文明史上的地位，全面展示商文明发展的高度和广度。在第一展厅，我们利用步道走廊设置多块展板，介绍郑州商城在世界文明史与中国文明史中的重要地位。在郑州商城遗址复原沙盘的数字内容中，开篇也设计从大河文明说起，将视线投射到全球范围，将我们的大遗址拉到它应有的高度，策展团队戏称其为展览的"接天线"之处。

（二）"接地气"的展览

虽然我们是遗址博物馆，在展览策划实施中也始终坚持以郑州商城遗址为主，保证遗址保护展示的重要性和突出地位，但基于遗址 3600 多年来城址未移、人脉不断、文脉不息的特色，始终将一条线索贯穿于整个展览，那就是郑州城市历史的延续。我们讲述最长的城市绵延脉络，紧扣郑州城市"古今同地"的特征，运用丰富的展示手段，去讲述"城"的延续。展览以郑州商城遗址为核心展示内容，在遗址之外，悉心讲述遗址的代代延续，形成漫长的城市历史年轮，凸显郑州商城"古今同地"特征，呈现"四维空间"属性。在序厅和第一展厅（复原厅）的展示中都穿插了这条线索，在商代之后，还用了单独一个单元、大半个展厅，来讲郑州商城遗址在商代之后的历史延续。从这个意义上来看，我们的展览也算是个另类的"郑州通史展"，这也是郑州这座城市所缺乏的展览类型，所以我们的展览可以说是具备了"接地气"的特征。

郑州商城遗址因其特殊的地理位置，与现代城市、与城市居民的关系十分紧密。我们的展览定位于基于遗址特色打造，针对遗址的这个特点，我们在展览中也做了尝试，挖掘郑州商城遗址与现代城市的共荣共生，以及与城市居民的深厚感情，并在展览中予以展示，适当加入情感因素，营造情境交融的氛围，将遗址的"活态"性予以展现。郑州本地观众能从展览中得到情感的正向反馈，增加与遗址和展览的情感互动；外地观众能从展览中感受到遗址与城市、居民的情感交融。

（三）"活态"的展览

如展览定位所述，由于遗址的碎片化特点，我们将展览定位为一个可根据考古发掘研究成果随时更新的、不断补充与调整的、动态式的遗址博物馆展览。这种特色也是遗址与考古紧密联系的必然要求，重在体现一个"新"字，随着考古发掘和研究的进展，不断修改和更新我们的展览。例如，新发现的书院街贵族墓地，我们在掌握确切资料后，立即对第一展厅（复原厅）的数字沙盘做了调整和更新，将这处重要的考古新发现成果展示出来。我们也根据二里头遗址最新的考古成果，更新了都城规制图版。随着考古发掘的不断进展，未来将会有更多新的考古发掘与研究成果涌现，源源不断地为我们的展览补充新的内容。

（四）"组团"的展览

我们充分利用遗址与博物馆的区位优势，相互"借力"，将遗址展示、博物馆建筑和馆内陈列统一打造，形成有机统一，打"组合拳"，着力打造城市中心区大遗址的保护展示。

郑州商代都城遗址博物院选址紧邻郑州商城遗址内城的东、南城垣，馆舍建筑外观与城垣遗址遥相呼应，风貌协调。馆内陈列以"读城"理念贯穿始终，以遗址为本，彰显"城"的环境氛围元素，揭示和隐喻展览主题，最终实现城垣遗址、建筑外观、陈列展览的组团效应。

"巍巍亳都　王都典范——郑州商代都城文明展"历经数十载，终于得以面向大众开放。展览展现了恢宏壮观的王都气象，深刻阐释了商代先民所创造的灿烂文明，生动诠释了文物背后的故事，通过"遗址公园＋博物馆""学术性＋通俗化解读""文物＋科技"，探索建构遗址博物馆展示体系，延续大遗址的当代价值。

巍巍亳都　王都典范

The Mighty Capital Bo,
A Paragon of Royal Capitals

一、展览概况

郑州商代都城遗址博物院基本陈列"巍巍亳都　王都典范——郑州商代都城文明展"，由郑州商代都城遗址博物院主办，历经多年打磨、修改，最终在2022年7月26日正式与公众见面。

基本陈列由一个序厅、四个常设展厅和4D影院构成，展陈总面积达5526平方米。序厅、三个常设展厅设在地上二层，另一个常设展厅设在地上一层。展线长度为1236米，展览文物／标本806件，珍贵文物／标本82件，借用文物／标本136件，辅助展品298件。

郑州商代都城遗址博物院，是国内首个全面展示郑州商城遗址70余年考古发掘成果的专题遗址博物馆。展览以郑州商城遗址的发掘研究成果为基础，定位"亳都"，架构都城文明阐释体系，从"巍巍亳都"深入解读"城"的内涵和人的创造，到"生生不息"的历史延续，突出展示商代都城的社会面貌、生业百态和城市人脉不息、文脉不断的历史传承。

整个展览设计风格简洁大气，与商文化内涵与特征相契合。通过挖掘郑州商代都城的丰富内涵和时代价值，运用精彩的形式设计语言、先进的新媒体技术手段，生动呈现了古都郑州延续千年的恢宏历史场景，演绎了古今同地的人类故事，为世人描绘了一幅商代亳都生生不息的盛世文明图景。

郑州商代都城遗址博物院的开放运行，将中国早期文明发展的脉络展示得更加完整。它的文化内涵代表了早商文明的发展高度，是中华文明形成环节中的重要一环。商文明对夏文化的继承与发展，对晚商殷墟文化、西周文化及以后的中国传统文化、中华文明的形成和发展产生了广泛而深远的影响，开启了中华文明主根脉传承的新阶段（图2-1）。

图2-1　郑州商代都城遗址博物院实景

二、展览导览

展览以"巍巍亳都　王都典范——郑州商代都城文明展"为主题，分七大单元，由五个展厅展开，既相互独立，又彼此呼应，全景式呈现商都郑州的"根、魂、梦"。

（一）序厅

序厅以"历史是有温度的生命"为创作理念，将一个神秘王朝宏大的历史信息传递给观众。它主要从两条主线引入展览内容：一是通过艺术形式介绍商族的诞生和发展壮大的历史脉络；二是通过多媒体投影展现郑州市城区的演化，展示商城遗址在整个城市发展历史的重要作用。以商代历史和商民族的演进的大背景作为整体展览的切入点，并以郑州商城前世今生的总述作为序厅的开启点。

走进展厅，镂空的洛阳铲造型，寓意郑州商代都城是一座由考古发现的千年王都（图2-2）。序厅顶部，一个承载人类文明记忆的巨大年轮，犹如历史的回声，传递着古老而悠久的商都文明。

多媒体投影引导人们迅速将商代都城遗址与现代郑州城市联系起来，引入古今同地的概念。通过古今城市形制的发展变化，反映出郑州城市人脉不断、文脉不息的恒久生命力。地面城市形态变化投影与年轮顶饰上下呼应，寓意郑州古今同地，历史文化一直在延续，3600余年的历史有其根源，数千年的繁华有本可依。

图2-2　序厅形象墙

　　在弧形的展墙上，通过巨幅环形浮雕讲述了玄鸟生商、王亥服牛、景亳之会、鸣条之战、商汤立国、桑林祈雨、仲丁迁隞 7 个典型的先商和商代历史故事，生动地展现了商朝的恢宏历史，实现对商代历史文明的艺术解读（图 2-3）。

1. 玄鸟生商

　　《诗经·商颂·玄鸟》曰："天命玄鸟，降而生商。"相传，简狄随姐妹出行，在玄丘水中洗澡，有玄鸟飞来，生下鸟卵，简狄误食，因而孕育生下契，契就是商部落的始祖（图 2-4）。

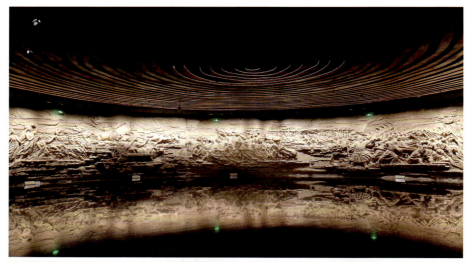

图2-3　环形浮雕墙（上）

图2-4　玄鸟生商浮雕（下）

2. 王亥服牛

王亥担任商部落首领时期，通过牵拉牛鼻子的方式驯服了牛，使其能够拉车、驮物。从此商人赶着牛车游历，并运载物品到各部落进行交易，开创了物资交换的先河。此后外部落的人们一见带着物资到处进行交换的人，便以为是"商部落人"，后简称为"商人"。"商人"一词由此而来。

3. 景亳之会

景亳之会是商汤为了灭夏联合各部落举行的一次重要的会盟活动，是商汤灭夏的一次总动员。商汤在会盟中表明自己是秉承天意征伐夏桀，目的是让百姓脱离暴政与苦难，因此得到众多部族拥护，誓师伐夏。

4. 鸣条之战

鸣条之战是夏朝末年在商灭夏的战争中，汤率领部落士兵与夏军在鸣条进行的一场决战。此战后夏王朝灭亡，汤建立了商王朝。

5. 商汤立国

商汤是商朝的开国君主，他在位期间，任用伊尹、仲虺为相，与其他部族联合，商族日益强盛。夏桀无道，汤亲率商军西进伐夏，夏朝覆灭。汤定都于亳，宣告了商王朝的建立（图2-5）。

6. 桑林祈雨

商汤灭夏而治天下时，天下大旱，连续五年没有收成。商汤于桑林中进行祷告，祈求上帝鬼神勿伤万民之命，并且剪发、缚手，将自己当作牺牲献给上帝。后来雨

图2-5　商汤立国浮雕

水大降，旱情解除，万民大喜。

7. 仲丁迁隞

仲丁是商王太戊之子，继任商朝国君之后将都城从"亳"西迁至"隞"。有的学者认为,位于郑州市西北郊石佛乡的小双桥遗址即为仲丁所迁之"隞都"。

序厅末尾处采用大事记的形式，对郑州城市的变迁进行梳理，进一步拉近商城遗址和现代郑州城的关系，加深观众对郑州的城市记忆。通过商都郑州的古今对比，一方面告诉观众郑州建城历史可追溯到3600多年前的商代帝都，另一方面为讲述郑州的商都文明做好铺垫，加深观众尤其是郑州本地观众对商城遗址和郑州的情感联结。

图2-6　巨型复原沙盘

（二）第一展厅（复原厅）

第一展厅（复原厅）为下沉式空间，层高 14 米，整个展厅设计为郑州商城遗址复原展示的大型场景，将环廊作为观展平台，并承接平台修筑缓缓而下的观展步道，使观众能够深入大型遗址复原的场景之中，近距离观赏郑州商城不同功能区的历史原貌，了解商代都城的规划与布局。

我们充分利用层高，在解读郑州商城历史文化价值的基础上，以 400 多平方米的巨型复原沙盘结合数字投影的形式，将 25 平方千米的早商都城浓缩进展厅，以新科技演绎历史，打造宏观沉浸式观展体验。沙盘平面以郑州商城平面图为基础，结合遗迹分布图、地形图，生动再现当时郑州商代都城的整体城市布局和功能分区（图 2-6）。

展厅另一侧的环廊艺术化绘制了城墙的部分纵剖面，展示出郑州商城东西向的轴线上分布的重要的遗迹遗物，便于观众更为深入地了解郑州商城的整体布局、遗迹分布等知识信息（图 2-7）。

图2-7　郑州商城遗址纵剖面（上）

图2-8　步道走廊实景（下）

　　步道走廊展板介绍了郑州商城在世界文明史与中国文明史中的重要地位（图2-8）。在人类文明形成的早期阶段，世界多个地区存在多支灿烂的古代文明，如尼罗河流域的古埃及文明、两河流域的美索不达米亚文明、印度河流域的哈拉帕文明等。黄河长江流域的作为中华文明典范的商文明，在世界文明史上也占有重要地位，而郑州在中国城市文明史中的地位也是举足轻重的。《考工记》中理想周王城的复原图，以及郑州商城、唐长安城、明清北京城的平面图，都展示出郑州商城是古代中国王朝都城典制的开创之地，它奠定了后世中国古代都城"内城外郭"的基本规制。

　　接下来的图版再次引入古今同地的概念。通过"古今同地"示意图，展现在郑州同一地点上的城市发展演变——从3600多年前的早商王都，到明清演变为一个典型的地方州县城市，直至今天郑州高质量建设国家中心城市，为观众揭示郑州城市的传承发展和文明之魂，再次强调郑州文脉不息、人脉不断的历史传承（图2-9）。

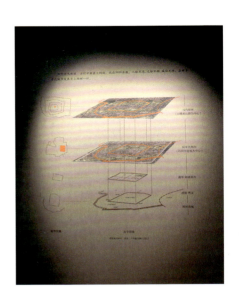

图2-9　"古今同地"示意

图2-10 第二展厅形象墙（上）
图2-11 文明摇篮（下）

（三）第二展厅

　　第二展厅分为三个单元，从描绘华夏文明的起源地出发，讲述商王朝的早期历史，生动呈现商都的布局规划。通过实体场景和模型复原的方式，对重点功能区及城市基础设施的空间结构进行了精细复原和详细解读。

　　展厅入口处的形象墙是通过 3D 打印技术等比复原的紫荆山路城垣断面，上面保留了自商起，战国、宋、元、明等朝代留下来的修筑痕迹（图 2-10）。伴随着展览的展开、尘封千年的历史即将呈现，也表明郑州商城 3600 多年来城址未变。主题墙前堆积的大量文物碎片，似在无声地诉说着郑州商都曾经的文明积淀。

第一单元：文明摇篮——华夏文明发祥地

　　郑州，地理区域位于北纬 34° 附近，处于嵩山余脉向华北平原过渡的交接地带，大体位于黄河冲积扇的顶端。这里土地肥沃，生物繁茂，水网密集，为早期人类农耕文明的产生提供了得天独厚的条件。我们利用立体的"黄河流经线路图"将郑州的优越的地理位置直观地展现出来；以绘画的方式再现当时温暖湿润、物产丰富的古环境；配合遗址出土的鹿角、牛角、藜、狗尾草等动植物标本，展现了郑州优越的自然条件（图 2-11）。

　　郑州地区是华夏文明的发祥地和核心区。从公元前 5000 年至公元前 3000 年，以中原为中心的历史发展趋势开始形成。这里分布着旧石器时代文化遗址、新石器时代文化遗址及中原地区早期城址。我们着重凸显了史前中国"重瓣花朵式"的文化结构和中原地区的花心地位，展现了以中原为中心的历史发展趋势的形成。

第二单元：玄鸟生商——商王朝早期历史

　　本单元截取早商历史中的重要节点，通过"玄鸟生商""商族的迁徙""商汤

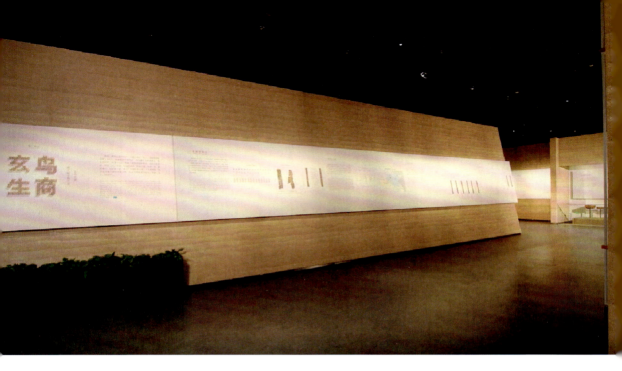

图2-12　玄鸟生商

立国""盘庚迁殷""武丁中兴"部分的文字讲解，配合丰富的图表和文献记载，讲述了商王朝的早期历史和发展脉络（图2-12）。

商族是中国历史上一个古老的族群。契是商部落的始祖，因辅助大禹治水有功，封于商地。此后，"商"不但成了族群的称谓，也成为商朝名称的由来，而玄鸟则成了商人族群身份认同的象征。公元前16世纪，商汤在伊尹、仲虺等人的辅助下陆续灭掉邻近的葛国，以及夏朝的方国韦、顾、昆吾等，成为当时的强国。而后作《汤誓》，与夏桀大战于鸣条，最终灭夏，都于亳。从商汤立国至纣王灭国，共历17代，31王。商王世系表清晰明了地展现了自契至纣王（帝辛）的世系传承。

在漫长的发展过程中，商族进行了多次迁徙，可概括为"前八后五"。所谓"前八"，是指商的始祖契到成汤灭夏为止所进行的八次迁徙。商先祖的八次迁徙表厘清了商族的迁徙过程。商的祖先，正是逐渐由北（东）向南（西）进入中原腹地，灭夏建商，开启了中国古代一个重要的历史时期。所谓"后五"，是指商朝中期前后，因王位之争、自然灾害等多种原因进行的五次迁都。商代都城迁移地望推测图标注了这五次迁都的线路和先后顺序。公元前 1300 年前后，盘庚迁都于殷（今安阳市），至纣王亡国，整个商代后期以此为都。洹北商城与殷墟的遗址平面图展现了商代晚期都城的布局和规模。

这一时期还出现了武丁中兴的盛世局面。武丁是商代的一位著名君王。在他执政的 59 年间，励精图治，经略天下，使商朝的国力达到鼎盛。在武丁的诸多丰功伟绩中，尤被后人所称道的是对商王朝疆域进一步的扩展。在本部分的结束处，设有一幅巨大的地图，展现商王朝"邦畿千里，维民所止，肇域彼四海"的辽阔疆域，结合前面的历史讲述，让观众从空间上对商王朝有一个整体认知。

第三单元：巍巍商都——商都的布局规制

本单元主要以微缩场景复原的形式，对郑州商城内的布局进行了精细化展示。同时结合展板内容，将部分重点遗迹搬进了展厅，进行保护性展示，实现了丰富展览内容和保护遗址的双重目标。

观众首先看到的是筑城场景复原。"筑城以卫君，造郭以守民"是我国古代都城规划的基本特征。郑州商城建有内、外两重城垣。内城墙的主要作用是保护国君、贵族的安全，外郭城垣则为平民及手工业作坊区提供了可靠的屏障。展厅内筑城场景复原了两个：一个是配合图版，重点展示筑城工艺版筑法和集束夯筑法（图 2-13）；另一个则是基于史实想象而成的商王巡视筑城场景（图 2-14），艺术地再现当年工程建造过程中的浩大场面，彰显古代先民的智慧。

在郑州商城外郭城内，还发现了一批按一定布局建立起的铸铜、制骨、制陶等手工业作坊遗址。筑城场景两侧展示了铸铜制陶情景复原模型。制陶场景根据铭功

图2-13　筑城方法场景复原（上）
图2-14　商王巡视筑城场景复原（下）

路西制陶作坊陶窑遗址复原展示了制陶的四个步骤，分别为练泥、塑形、印纹、烧制（图2-15）。铸铜场景根据南关外和紫荆山北铸铜作坊遗址复原展示了铸铜的七个步骤，分别为练泥、制模、制范、合范、浇注、去范、修整（图2-16）。

　　接下来是宫殿场景复原。郑州商城宫殿建筑主要集中于内城北部中央至东北部一带，共发现数十座面积大小不等的夯土基址。郑州商城宫殿院落模型以C8G15基址为蓝本，依据偃师商城、洹北商城等同时期或年代相近遗址推测复原，其重要特点是四阿重屋、茅茨土阶（图2-17）。

　　穿过宫殿区，接下来看到的是供排水系统场景复原。商人利用郑州商城所处的自然地势和水源条件，修建了一套完善的水利系统。郑州商城的外郭城垣

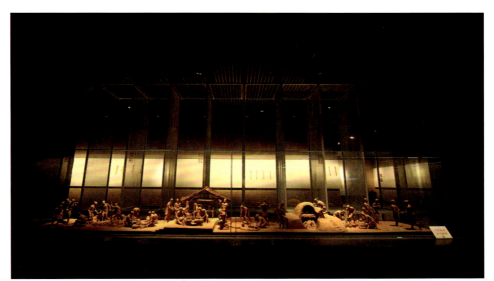

图2-15　制陶场景复原（上）
图2-16　铸铜场景复原（下）

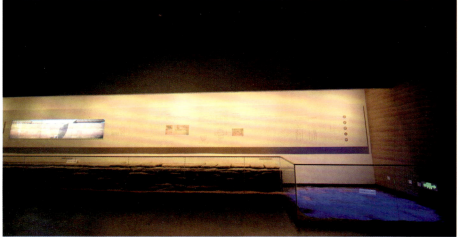

图2-17　宫殿场景复原（上）

图2-18　供排水系统场景复原（下）

图2-19　夕阳楼祭祀区的猪骨（左）
图2-20　夕阳楼祭祀区的人骨（右）

与壕沟具备阻、导洪水的功能。内城中的给排水设施则主要包括了石板水池、石砌水道和各类汲水井。我们在展厅内等比例复原了水道和蓄水池（局部），在底部通过灯光营造出水光潋滟的逼真效果。水道上方有视频动画，对排水设施的建造和使用方式进行演绎与讲解（图2-18）。

祭祀在商人精神观念和社会生活中有着举足轻重的地位。考古工作人员在郑州商城的不同地点发现了大规模的杀殉填埋坑，这是祭祀活动频繁的体现。考古发现集中祭祀点的遗存有河南省体育场祭祀遗存、内城东北隅祭祀遗存和内城西南隅祭祀遗存。这些考古工作很多都是为了配合城市基础设施建设而开展的，一些重要遗迹无法原地保护并进行展示。因此我们将夕阳楼祭祀区的猪骨、人骨进行整体套箱提取，在博物馆陈展中进行保护性展示（图2-19、图2-20）。

展厅最后展示的是铜器窖藏坑场景复原。郑州商城内外城之间发现了三个青铜器窖藏坑，分别为杜岭张寨南街窖藏坑、向阳回族食品厂窖藏坑和南顺城街窖藏坑，均有成组出土的青铜礼器，共28件，我们推测它们与当时商王室的重大祭祀活动

图2-21 铜器窖藏坑场景复原

有关。展厅中复原展示了最具有代表性的向阳回族食品厂窖藏坑。该窖藏坑是1982年在郑州商城内城东南角外侧约54米处发现的。坑内器物种类丰富，体型较大，铸造精美，应是商王室祭祀所用的礼器（图2-21）。

　　该展厅结束后，观众将通过文化廊道进入下个展厅。我们对廊道进行了巧妙设计：头顶是漫天的星光，旁边是人类进化前进的动态剪影。参观的观众可以踏着星光的璀璨迈入商文明的辉煌灿烂之中。

（四）第三展厅

　　第三展厅包含两个单元，注重实物展示，将出土文物与不同尺度的城市空间相结合，展现商代都城的人群与社会，带观众领略大邑商都的城市生活。

图2-22　各种文化因素在郑州商代都城的融合

第四单元：大邑商都——商都的城市生活

　　郑州商城是商王朝最大、最繁荣的经济文化中心，城内人口云集，居民来自四面八方。考古发掘表明，都城营建之初，除本地的二里头文化面貌外，还包括来自北方、东方、南方的外来文化因素。这些多元的考古学文化面貌正是不同外来人群汇聚在此的反映。伴随都城的繁荣及各族群间交流的不断加深，各种文化因素逐渐融合，形成了具有统一风格的典型二里岗早商文化。展柜中展出的具有各考古学文化因素的器物，代表着不同地区的不同文化因素。同时在展柜上方设置了视频投影，对相关内容展开叙述，帮助观众理解（图2-22）。

　　对于城市中的不同人群，我们根据其身份等级的差异展开了详细介绍。首先是居住在内城的王室贵族。他们是城市社会的核心和管理者，支配并控制着王都的社交与礼仪、祭祀，以及征伐、生产与分配等一系列公共活动。

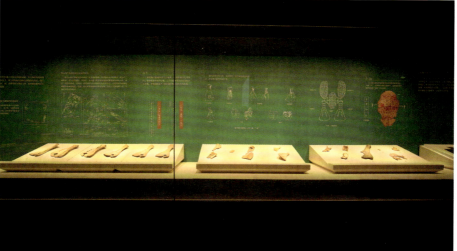

图2-23　器用与礼制（上）
图2-24　祭祀与占卜（下）

图2-25　兽面纹铜钺

　　为了维护商王朝统治秩序，商朝统治者制定了一整套以青铜礼器为核心的器用制度，以达到"明贵贱、辨等列"的社会功能，并凸显自身的权力地位。在郑州商城高等级贵族墓中出土了大量随葬青铜器，器物组合与数量等彰显了不同等级贵族身份地位的差异（图2-23）。

　　为了强化自身的统治权威，商王和贵族垄断了主持祭祀和占卜的特权。商人事无巨细，大到军事征伐，小到疾病生育，都用甲骨进行占卜，以预测吉凶。郑州商城出土了丰富的卜甲和卜骨，可以看出商人对祭祀的重视。图版结合辅助展品，形象地展示了甲骨占卜过程，包括甲骨的取用、甲骨的整治、甲骨的钻凿形态、占卜内容的刻写、卜用后处理。展柜旁还有相关的视频讲解，专家解读和祭祀场景动画相结合，为观众提供了更深层次的展览内容（图2-24）。

　　"国之大事，在祀与戎。"商王及贵族除了实施祭祀权力外，还拥有军事权力，主持对外征伐。这些都被赋予了崇高的政治意义。我们展示了郑州商城出土的兵器，包括钺、戈、镞。其中兽面纹铜钺是展出的重要文物，钺身呈梯形，长33厘米，肩宽31厘米，刃宽38厘米，钺身正中长方形内饰一浅浮雕的大兽面。该铜钺是我国目前出土的较大的一件商时期青铜钺，是高等级贵族身份地位和权力的象征物（图2-25）。

图2-26　原始瓷尊

　　在郑州商城内，唯有商王及贵族有权享受通过远距离贸易获得的珍贵器用。在郑州商城贵族墓葬中，出土了绿松石、海贝、金箔、象牙、原始瓷等稀有物品，反映了统治阶层的奢侈生活，表明了贵族崇高的身份地位，也暗示了商王统治下商代国家势力的影响范围。该部分重点展出的文物为原始瓷尊（图2-26）。它与后代的瓷器相比，虽带有不少原始色彩，但已基本具备了瓷器的特征。郑州商城原始瓷尊的出土，将我国开始烧制瓷器的时间提前了1000多年，极大地开阔了学术研究的视野。

　　文字与书写系统的产生，也是统治阶层标明身份地位、加强统治的重要发明（图2-27）。观众可以看到郑州商城出土的带刻画符号陶片和带有刻辞的甲骨，尤其是习刻字骨具有非常重要的意义。这片习刻字骨是在安阳殷墟之外首次发现的商代刻辞，共计11字，记录了商代用羊侑祭毛土（社）的一次活动，并在七月乙丑日贞问祭祀结果的事情（图2-28）。

　　王室和贵族无论在物质还是精神上都有着绝对的统治权威，享受着富足的生活。那生活在内、外城垣之间的城市平民过着怎样的生活呢？在严格的等级

图2-27　书写与知识（上）
图2-28　习刻字骨（下）

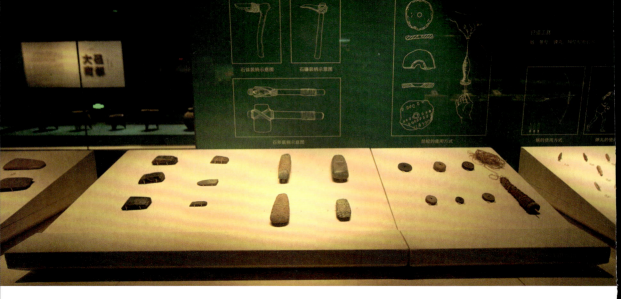

图2-29　生产工具

制度下，城市平民的日常生产活动，主要是为了服务并满足王室贵族的需求。我们通过展示生产生活用具、饮食和居住形式来呈现商城平民的日常生活。

郑州商城平民从事的日常劳作包括农业生产、狩猎采集、建筑营造等。这些生产活动保障了商代都城的物质供给，奠定了城市与国家发展的经济基础。在展板上展示了郑州商城出土的工具与使用方式复原，实物选取对应的石斧、石镰、网坠、纺轮等表现日常的农作、渔猎和纺织。同时配合辅助展品，再现出土文物的使用方式（图2-29）。

在饮食方面，除了社会上层贵族可以获取水稻及更为丰富的肉类资源，绝大多数城市平民的日常主食仍以粟、黍为主。根据出土陶质炊器的形态特征，平民加工食物的方式也以蒸、煮为主。我们将郑州商城遗址出土的陶鬲、陶甗、陶豆、陶爵、陶斝等按照炊煮器、蒸食器、盛食器、酒器分类放置，并在展柜上设有相应的说明文字，方便观众理解器物的用途（图2-30）。

图2-30　饮食器具

图2-31　平民居住形式

　　在郑州商城内，不同身份等级的人群的居住形式有所差别。在第二展厅，我们看到了王室贵族居住的大型夯土建筑，而城市平民多居住于空间狭小的半地穴和地面式、连间式建筑（图2-31）。观众在这部分可以看到根据考古发掘复原的房屋建筑及3600多年前的装修材料——白灰块。白灰块和现在的腻子非常像，主要功能是防潮。

　　为了满足都城各阶层的器皿使用，郑州商城内规划有专门的手工业作坊，从事铸铜、制陶、制骨等生产活动。我们重点展示了生产活动的制作流程。

　　目前发现的郑州商城内规模较大的铸铜作坊，分布于城内郭区的南北两侧，作为早商国家等级最高的青铜器生产基地，受商代王室贵族的严格控制。我们利用整套模范、铸铜工具、铜渣展示了完整的铸铜流程（图2-32）。

　　由于原料获取和制作相对容易，陶器是城市居民普遍使用的大宗产品。根据功能不同，陶器可分为用于炊煮的夹砂陶器和用于盛储的泥质陶器（包括具有礼仪功能的仿铜陶器）。我们将陶器制作工艺流程图、陶器纹饰线图与制陶

图2-32 铸铜流程

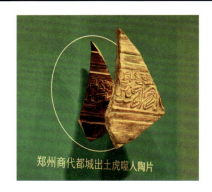

郑州商代都城出土虎噬人陶片

图2-33 陶器生产

图2-34　骨器生产

工具、烧制废品等配合展示（图2-33）。

　　家畜饲养和狩猎不仅为城市居民提供了肉食，也为人们的日常生活所需的骨质工具、饰品等提供了丰富的原料。目前发现的郑州商城制骨作坊位于紫荆山北，制作器物种类繁多。不同身份的城市居民使用的骨器，在骨料来源、制作工艺等方面存在明显的等级差异。在展品上，我们选择了紫荆山北制骨作坊的骨料、砺石、骨器成品及半成品（图2-34）。

第五单元：四方之极——商朝的地域控制

　　《诗经·商颂·殷武》中描写到"商邑翼翼，四方之极"，意思是商朝的都城雄伟齐整，是四方各国学习的榜样。它以都城为中心统治着东南西北的众多方国，形成"王畿""四土"，并波及"四至"的层级控制结构。这种从中心王都到地方

图2-35　四方之极（上）

图2-36　数字沙盘（下）

城邑的严格的城市等级制度，使商朝成为万邦共主。

首先映入眼帘的是一段长长的车辙，寓意着商王朝的势力向四周辐射（图2-35）。接下来是小型数字沙盘展示的早商王畿和四方城邑分布格局，众星拱月，突出郑州商城作为王都的地位（图2-36）。

数字沙盘是投影与立体沙盘结合。投影分为两部分：墙面投影、沙盘投影。沙盘展现了重要河流山川的地形地势，沙盘投影呈现出中心王都与重要地方城邑地理点位、平面布局等重要信息。墙面投影则简明扼要地向观众介绍了中心王都与地方城邑的各自概况与相互关系。

早商王都周边的卫星城有洛阳盆地的偃师商城。偃师商城建制等级仅次于郑州商城，或为辅都，是目前已知布局结构最清晰的早商城邑。除此之外，还有大师姑城邑、东赵城邑和新郑望京楼。它们共同构成了都邑对外联系的枢纽，是郑州商城代表的早商国家实现地域控制的重要据点（图2-37）。

在距离中心都邑较远的"四方"之域，也存在其他具有区域中心性质的地方城邑。这些城邑分布于邻近资源（尤其铜矿）产地或是交通要道之上。最具代表性的就是湖北盘龙城遗址。盘龙城是商王朝经营南方并控制当地铜、锡资源的重要据点。其城址平面呈四边形，外围依靠自然山势组成了城邑的外郭。城内发现了一组宫殿建筑基址，城外分布着高等级贵族墓、铸铜遗存和居住址等。盘龙城遗址也出土了大量器物（图2-38）。

由于政治、经济、自然等多方面原因，郑州商城在二里岗上层阶段以后逐渐废弃。商王朝的统治中心最终由郑州转移至安阳，由此开启了以安阳都邑为代表的晚商文化阶段。我们通过郑州小双桥遗址、安阳洹北商城与殷墟的相关叙述来体现这种统治重心的变化；通过郑州地区和安阳殷墟出土的过渡时期典型青铜器的对比，来反映郑州到安阳文化面貌的延续，使观众了解殷墟晚商文化与二里岗早商文化是一脉相承的。

商代都邑由郑州迁至安阳之后，郑州地区进入了晚商时期，本地商文化经历了

图2-37　王畿腹地

图2-38　盘龙城遗址出土器物

由盛转衰的历史过程。伴随着大规模的人群迁徙，郑州沦为晚商国家统治下的地方区域，当地晚商文化继承了二里岗商文化传统，并与安阳王都保持密切的关联。例如荥阳小胡村晚商墓地出土了许多带"舌"字铭文的铜器，而相同的舌字铭文铜器在安阳王都也有出土，显示出中心都邑对地方的控制（图2-39、图2-40）。

　　所以晚商时期都城迁至安阳后，郑州商城在当时也是王都的重要属地，除了管理者，还有大量基层平民在这里繁衍生息。展板内容展现的是郑州关帝庙遗址商代晚期基层聚落和人群，反映出"聚族而居，聚族而葬"的社会形态。黄河路口晚商墓地，墓葬排列整齐有序，也是一片"聚族而葬"的平民墓地，随葬品组合以陶器为主，有少量玉器和青铜器。

图2-39　社会重组（上）

图2-40　小胡村墓地出土器物（下）

图2-41　郑州商代都城的未解之谜

关于商都历史的讲述到此就告一段落了，其中依然存在许多未解谜题：郑州商城的王陵区在哪里？为何郑州商城只发现了极少量的习刻字骨？郑州商城为何废弃了？目前发现的作坊只有铸铜、制陶和制骨作坊，还没有其他的手工业作坊，如玉石器加工作坊，它们分布在哪里？……因此我们在展厅出口处的展板上列出了这些谜题，宛如一本未完待续的小说，给感兴趣的观众留下思考探索的空间（图2-41）。

（五）第四展厅

郑州的历史是一部绵延千年的恢宏史诗。在前面的展厅横向展示了商代国家背景下的郑州商城后，本展厅将纵向讲述商代之后各时期郑州古代城市的发展历程，共包含两个单元，分别为"生生不息——商都的历史延续"和"守望保护——商都的研究保护"。

图2-42　第四展厅形象墙

　　展厅入口处的形象墙设计以内外嵌套的矩形层层相叠构建轮廓，展现了城垣的文化意象，也象征着城市的发展层次和历史积淀。墙幕中间数个"亳"字印章图案，体现出郑州这座城市从亳都延续至今的恒久生命力（图2-42）。

第六单元：生生不息——商都的历史延续

　　郑州商城这座3600多年前的商代王都，历经周、秦、汉、唐、宋、元、明、清，至今仍一直处于现代化大城市的中心区域，历史与现代共荣共生、交相辉映，堪称世界城市发展史中的奇迹。我们用时间轴，从宏观上表现郑州辉煌灿烂的历史文明，接下来从"亳迹犹存""汉韵未央""唐宋风物""明清市井"四个部分展开叙述（图2-43）。

　　因管叔受封于此，在西周灭亡以后，后世一直称郑州为"管"。东周时期，这里早晚期分属于郑韩两国，两国对原商代都城内城垣进行了重新的修砌利用。

图2-43　生生不息

考古工作者在郑州商城内外发现了丰富的战国遗存，我们展出了鎏金铜带钩、板瓦、铜镦及一些陶制的用品。最为重要的考古遗物是带有"亳"字的豆盘和豆柄，它们在战国文化层中大量出土，为验证郑州成为亳都提供了有力的依据。这些带有印文的陶器被集中展示，器身上的印文也在展板上放大展示（图2-44、图2-45）。

　　秦汉时期，郑州先后归秦之三川郡和汉之河南郡。东汉以后，"管邑"之名逐渐被"管城"代替，郑州商城的内城区是这一时期人们生产生活的区域。汉代墓葬里出土了丰富的器物，包括陶灶、陶猪、陶狗，陶鸡、陶井等，体现了汉代人"事死如事生"的丧葬观念（图2-46）。

　　唐宋时期，伴随洛阳、开封相继为都，郑州作为两京之间的节点，行政地位得以大幅提升，再次成为区域政治文化的中心。我们借助北宋东西两京驿路图，展现了唐宋时期郑州优越的地理位置。这一时期，瓷器业也得到了长足的发展，在郑州地区出土了不同时期、各个窑口诸多陶瓷器珍品。瓷器器形多样，种类丰富，大量

图2-44　亳迹犹存（上）
图2-45　亳字印文（中）
图2-46　汉韵未央（下）

图2-47　唐宋风物

的瓷制生活品，是多姿多彩市民生活的体现，因此我们展出了唐宋时期具有典型特色的瓷器和陶俑（图2-47）。根据文献记载和考古发现，唐宋时期郑州城内存在相对完善的公共设施。夕阳楼、开元寺是这一时期城内最为重要的地标性建筑，也是城内著名的人文景观。我们展出了在城南路商城遗址发现的半截刻有"阳楼"字迹的石碑，并在石碑背后的墙柱上刻画出夕阳楼剪影，配以唐代诗人李商隐登夕阳楼题写的诗句，在展厅中将古时的地标建筑进行意象化的展出（图2-48）。

　　金元以后，郑州逐渐走向衰落，但不变的是这座古城的文化底蕴和辉煌文明。我们利用视频投影技术，向观众展示了郑州古八景。整个投影犹如一幅古色古香的

花明柳暗绕天愁
上尽重城更上楼
欲问孤鸿向何处
不知身世自悠悠
《登夕阳楼》唐·李商隐

图2-48　夕阳楼残碑

图2-49　郑州古八景视频投影

画卷，徐徐打开，在古典的乐声中，观众跟随虚拟人物，跃入画卷，欣赏古郑州的秀丽风光、人文盛景（图2-49）。

明清时期的郑州城，也就是现今的郑州老城，城内为四门丁字形大街的格局，并一直延续至今。我们绘制了郑州老街巷古今对比表，观众可以根据现代郑州街名，找到它们在清代和民国时期的名字。而展览中所展示的文物也多和市井百姓有关（图2-50）。

图2-50　明清市井

第七单元 ： 守望保护——商都的研究保护

在本单元的展示中，我们首先介绍了对郑州商城的发现、发掘和研究做出重大贡献的考古工作者和文物保护工作者。整个展板做成了书页的形状，静静地向观众呈现郑州商城的保护研究发展历程（图2-51）。在众多学者中，有三位都留下了浓墨重彩的一笔。

第一位是韩维周先生，他是郑州商城的发现者。韩维周是郑州巩义人，之前在考古单位工作，后来在南学街小学做教学工作。1950 年的秋天，韩维周先生到二里岗一带，发现了绳纹陶片和磨光石器。他初步推测这些陶片为商代遗存，于是向省文化部门上报。郑州商城的神秘面纱自此被揭开。

第二位是安金槐先生，他是郑州商城的发掘者。安金槐主持编写的《郑州商城》一书是研究郑州商城遗址的重要考古资料。馆内展出了安金槐对于筹建"郑州商城博物馆"所写的手稿，手稿内容涉及博物馆建设的必要性、馆址选择、馆内布局，而博物院现在的馆址与他的设想不谋而合。

第三位是邹衡先生，他是郑州商城的研究者。邹衡是我国著名的考古学家、北京大学考古文博学院教授，他创立了郑州商城"亳都说"学术体系，确立了

图2-51 守望保护

郑州商城为商代第一个国都的地位，为郑州被列入中国"八大古都"之一提供了坚实的学术支撑。

展板的结尾处，是考古工作者工作场景的复原。破旧的桌椅、昏暗的台灯、斑驳的自行车，是考古人筚路蓝缕、埋首伏案的历史见证。

在展厅中部，用纱幕围造出了一个独立的空间，想要深入了解郑州商城发掘研究历程的观众可以在此观看视频，了解考古大家对郑州商城遗址的见解与研究（图2-52）。

转过纱幕，讲述的是郑州商城遗址保护利用的新成果。近年来郑州市将文物保护与改善民生结合起来，多措并举，使文物本体得到有效保护，遗址周边环境大为改观，综合效益凸显，成为惠及民生的新亮点。我们集中展示了遗址保护前后的对比照片和相关建设文件，郑州商城日益成为城市中一道亮丽的风景线（图2-53）。

图2-52 专家学者访谈视频（上）
图2-53 保护利用（下）

图2-54　《商都记忆》视频投影

　　整个展览由《商都记忆》视频迈入尾声。视频以郑州商城城墙为前景，切换不同时期的城墙风貌，选取老、中、青不同年龄段、不同职业的曾经生活在商城城墙一带的代表人物——有名家，也有普通群众，有长期居住于此的郑州人，也有身在他乡的游子，由他们讲述郑州商城的变迁与记忆（图2-54）。而在视频幕布旁，就是郑州商城遗址保护碑这一具有重要意义的见证物。

图2-55　4D影院

（六）4D影院

4D影院位于郑州商代都城遗址博物院一层，在序厅正下方，面积约为380平方米，可容纳45名观众同时观看（图2-55）。

影片《商颂》以历史文献为蓝本，从一个小女孩的视角出发，带领观众穿越时空长廊，沉浸式体验商族的历史故事。第一视角配合4D互动体验，让观众仿佛身临其境，进入了一场奇妙的时空之旅。

一部中原史，半部中国史。郑州商城犹如一幅早商文明的画卷徐徐展开，它是华夏文明在中原地区诞生、成长、成熟的见证。虽然随着历史的脚步，泱泱亳都已渐渐湮灭于黄土之下，但透过历经岁月雕刻的斑驳城墙，我们仍能感受到扑面而来的商文化之磅礴气息。我们要感谢70多年来辛勤耕耘的考古人，是他们通过一代代的发掘、保护和研究，将废墟上的文明碎片一块块拼接，让我们得以窥见历史上这座伟大都市的冰山一角。随着拼图的日渐完整，期待有一天我们能重回大邑商都，通过破译弥留的无字地书，让这座3600多年前的伟大都市再现辉煌。

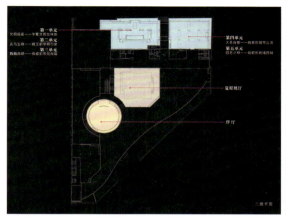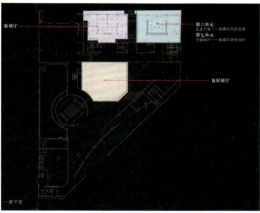

图2-56　展馆二楼的空间分布（左）
图2-57　展馆一楼的空间分布（右）

三、空间布局

　　展览由序厅、四个基本陈列厅和4D影院组成，共分为上下两层。各大展厅之间既相互独立又具有连贯性，内部空间高低错落，配合整个展览内容，制造一种非文本性的空间视觉传播。

　　二楼由序厅、第一展厅（复原厅）、第二展厅、第三展厅组成，对应的是展览主线中的"横"向叙事线（图2-56）。第四展厅位于一楼，对应的是展览主线中的"纵"向叙事线（图2-57）。空间结构也跟随展览叙事视角转变，由开阔宏大变为规整有序。观众参观完二楼，由观景走廊迈入一楼展厅，透过观景走廊的玻璃幕墙，可以眺望考古遗址公园内的景色。各展厅空间分布各有特色（图2-58、图2-59、图2-60）。

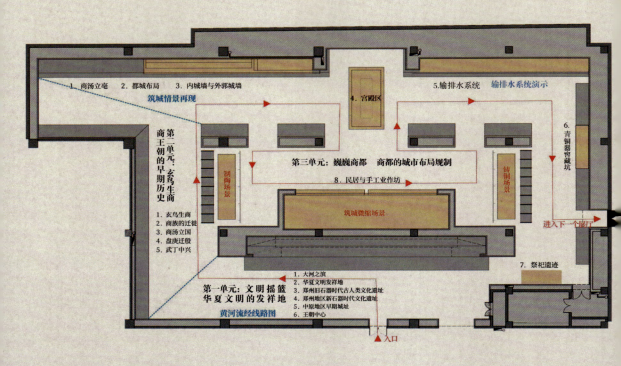

图2-58 第二展厅空间分布

1．商汤立亳　　2．都城布局　　3．内城墙与外郭城墙

5.输排水系统　　输排水系统演示

筑城情景再现

4．宫殿区

6．青铜器窖藏坑

第二单元：玄鸟生商
商王朝的早期历史

1．玄鸟生商
2．商族的迁徙
3．商汤立国
4．盘庚迁殷
5．武丁中兴

第三单元：巍巍商都　商都的城市布局规制

8．民居与手工业作坊

制陶场景

铸铜场景

筑城微缩场景

进入下一个展厅

7．祭祀遗迹

第一单元：文明摇篮
华夏文明的发祥地

黄河流经线路图

1．大河之滨
2．华夏文明发祥地
3．郑州旧石器时代古人类文化遗址
4．郑州地区新石器时代文化遗址
5．中原地区早期城址
6．王朝中心

入口

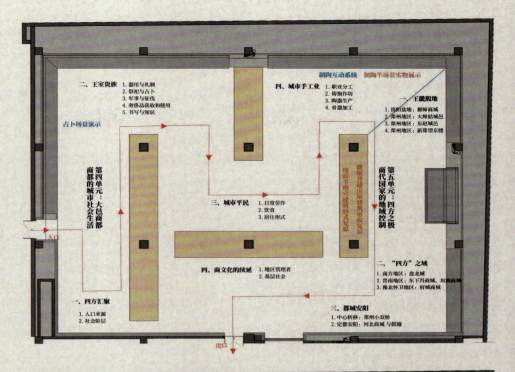

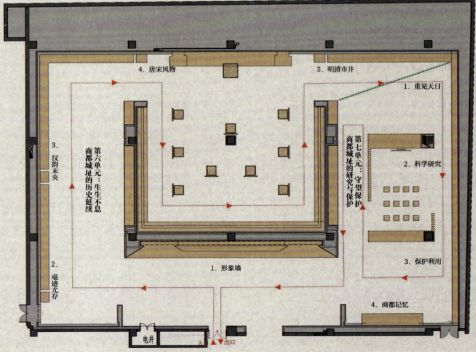

图2-59 第三展厅空间分布（上）

图2-60 第四展厅空间分布（下）

巍巍亳都　王都典範

The Mighty Capital Bo,
A Paragon of Royal Capitals

策 展

『城』与『人』的温情解读

一、策展思路解读

（一）展览定位

　　遗址博物馆是指为保护已发掘遗址或为展示发掘成果而在遗址上修建的博物馆。它不仅重在还原历史面貌，且承载着历史记忆，成为保存和展示真实历史绵延历程的重要场所。这些遗址为研究人类历史的发展、城市的变迁及文化内涵等提供了大量翔实、丰富、珍贵的实物资料。由于遗址的形成具有鲜明的时代性和地域性，所以它所折射出的文化内涵使人们便于把握历史的脉搏，形成博物馆的个性。

　　郑州商代都城遗址博物院是为保护和展示郑州商城遗址而兴建的专题遗址博物馆。陈列展览是博物馆的核心，其展览定位主要有以下几个方面。

1. 立意高远定位城

　　在展览的构建中，策展团队以"读城"作为策展理念，始终围绕郑州商城这座"城"的解读来展开。"城"是一个大型的人类聚居地。"城"是由生活在城中的人共同建造和维护的；同时，大量的人口也通过"城"维系在一起，共同进行大量复杂的活动。从这个角度来讲，我们读一座"城"，核心其实是读"城"与"人"的关系，不仅仅是对"城"本体的表面呈现的解读，更应该注重城中"人"的创造与生活。

2. 科学研究解析城

郑州商代都城遗址博物院的基本陈列是展示 70 多年商城遗址考古发掘和科学研究的成果。它将真实、完整、直观地解读 3600 多年前商代早期王都的历史文化，是了解郑州的古都历史的平台和载体，代表着整座城市的形象，是我们了解和融入这座城市最为直接简单的方法。

郑州商代都城遗址博物院展览的专题性和学术性，以数十年科学考古发掘和学术研究成果的积淀为基础，采取"读城"的定位，架构都城文明阐释体系，深入解读"城"的内涵及人的创造，以科学研究为基础，全方位、通俗化展示商都的内涵及价值。

3. 通俗叙事读懂城

展览以体现郑州商代城市功能和社会生活为主要内容，全面、系统、完整地呈现郑州商城历史发展进程，让观众通过展览的通俗叙事和解读，能清晰地了解郑州商城的时代社会生活，读懂这座 3600 多年前的伟大都邑，全面展示郑州商城遗址出土的精美文物和重要遗迹，展现郑州商城的文明高度和先民的辉煌创造。我们努力使展览面向公众，开展历史文化知识普及教育，使文物保护研究成果更多惠及公众，让现代人的生活和城市大遗址紧密连接，使他们更为深刻地理解郑州商城作为现代城市的文化根脉和精神支柱。

4. 艺术设计欣赏城

郑州商城遗址具有鲜明的遗址特征，遗址的独特视觉形象是展览的设计基础。现存的夯土城墙是郑州商城的典型特征，在展览中作为重要的设计元素被不断呈现，使遗址特色、建筑艺术和陈展艺术有机统一，凸显展览特色和主题，使展览解读的城和博物馆建筑外遗址的城融合。展览艺术设计中提取出城址独特艺术元素，并采用多种装饰手段进行表现，烘托展览空间的独特文化氛围，凸显展览的文物和展品的主体内容，使观众更好地欣赏和认识郑州商城。

综合考量商城遗址的价值和意义、遗迹及遗物的保存现状、遗址所处的区位特点等，郑州商代都城遗址博物院的展览主要介绍郑州商代都城发展历史和郑州这座城市的发展历史，展示郑州商城遗址出土文物，面向市民进行文物知识普及教育和开展商城遗址及文物保护学术交流。

（二）策展和展陈思路分析

策展团队整体统筹陈列展览，规划陈列展览的体例及设计风格，几经研讨，最终组建了以考古学家、博物馆专家为成员的项目团队，保证展陈质量和展览效果。馆内专业人员负责具体的展览策划、实施、运行、维护相关工作。

陈列展览的大纲历经了多次修改，其中比较重要的有三版：第一版是在博物院建筑设计进行之前，当时的策展团队策划撰写了一版比较简要的大纲，细节不够丰富，但展览基本结构已经形成。以此为依据，在建筑设计过程中，根据展览的实际需求，有的放矢地对建筑设计提出了空间格局的需求。第二版是在博物院进入正式建设之后开始的，我们聘请了国内知名的博物馆及对早商文化有深入研究的专家编写展览大纲。这一版结构完整明晰、内容丰富，基本能够满足陈列展览的需要，契合我们的目标定位和各项需求，但是在创新度和精细度上仍有所欠缺。在此基础上，策展团队精益求精，聘请北京大学刘亦方博士为内容主创，在第二版大纲的基础上反复打磨，组织协调展览内容设计方案的深化修改与完善、文物展品的选择、辅助展品形式和内容设计，进行了结构调整和细节补充，形成第三版展陈大纲。在这个过程中，我们有幸得到了大量专家的指导和支持，其中有复旦大学的陆建松教授、曾参加过郑州商城重要考古发掘工作并持续研究郑州商城遗址文化的首都师范大学袁广阔教授、中国科学院大学宋国定教授，以及郑州大学张国硕教授等。我们先后召开了六次专题研讨会，并邀请李伯谦、王巍、刘庆柱等享有盛誉的学界公认著名专家进行学术把关，字斟句酌、数易其稿，最终形成现在所呈现出的这版展览大纲，形成最佳方案。

陈列展立足于郑州商城 70 多年考古丰硕成果的基础上，综合不同界别专家的研究成果和学术观点，依托郑州商城考古出土和各类遗址、遗迹、文物，并通过上述成果结合中国历史上有关殷商历史的文献，多种证据解读、多角度表述，以求完整再现郑州商城考古与遗址保护研究的整个面貌。陈列展内容根据保存下来的历史信息，应用多项科技展项和多媒体技术，将考古学成果和文化遗产内容可视化，将历史信息情景化，为展陈的多样化实施助力。同时，新兴的科学技术手段与虚拟现实技术也为遗址的文化遗产保护和活化利用开辟了广阔的空间。

在基本陈列的策展过程中，策展团队注重将宏观呈现与细致解读相结合，采用"四维空间"的叙事结构，将遗址、建筑和陈展三者有机结合，整体塑造，形成了自身特色。

1. 展现郑州商城"四维空间"的特点

根据郑州商城的特点，展览内容构建以"读城"为基本理念，凸显郑州商城"古今同地"的特征，从两个层面呈现郑州商城的"四维空间"属性。

第一个层面是将郑州商城放在商代国家背景下来解释。商王朝是中国历史上拥有完备制度体系的早期国家政体，它以都城为中心统治着周边众多的方国，形成"王畿""四土"，并波及"四至"的层级结构。这种从中心王都到地方城邑的严格的城市等级制度，使商王朝成为万邦共主。厘清郑州商城的营造过程和布局规划，有助于我们研究早商国家社会组织结构和地域控制。

第二个层面是从郑州商城 3600 多年来一直延续的发展历程中来理解。在商代之后的战国、两汉、唐宋及明清等历史时期，商城的城市生命不断延续，城址不移、文脉不断，反映了郑州古代城市的历史，共同构成了郑州商城城市大遗址的重要组成部分。郑州商城遗址的全历史时期的遗址特点，是合理制订郑州商城大遗址的遗产保护、展示方案的重要依据。

2. 展陈设计与建筑相结合展示遗址特色

博物院建筑和基本陈列展是统一打造的，这是一处点睛之笔。博物院选址在郑州商城的东南城垣内侧，紧邻东南城垣，对建筑有不得超过 12 米限高的要求。为了满足陈列展览的空间需求及博物馆其他的功能需求，在建筑设计时策展团队就基本确定了展陈的结构和需求，并对建筑空间设计提出了具体的要求，在限高的情况下，尽量向地下延伸空间，使其能够满足展陈的各项功能。同时，遗址博物馆也要对大量遗迹进行复原和展示，尤其是内部空间需要满足展览的需求，所以对建筑空间提出了柱网减少、净高增加的需求。

展览的核心目标定位是"读城"。我们是一座遗址博物馆，在策展过程中，策展团队同样注重遗址博物馆建筑和陈列展览整体的营造，必须从内到外形成一个整体，注重整体性原则。现存的夯土城垣是郑州商城遗址的典型特征，因此建筑外观采用夯土城墙的造型元素，在展览的内容设计和形式设计上，处处可以看到城的影子，在各展示空间中都将其作为重要环境氛围元素加以显现。实的"城"和虚的"城"交替出现，揭示和隐喻着展览主题。为了实现城垣遗址、建筑外观、陈列展览的有机统一，展厅艺术设计与建筑设计相协调而形成整体传播效应。观众可以透过建筑大厅的玻璃幕墙远眺百米外的城垣遗址，完成与古遗址的千年对话。

在展陈的设计中，我们注重展览的整体规划，解读以内容为本，将展览的主题、内容、形式和空间进行有机融合；通过展陈设计的造型、色彩、灯光、展品、展项等解读展陈内容，高度契合展厅主题；突出遗址和展览强烈的个性设计，展示宏大、简洁、清晰、独特的展览特征。

在空间布局上，巧妙利用建筑空间，各大展厅之间有机协调，既有连贯性又有独立性。在布展设计中，我们以史料为凭创作了大量图表，深入浅出地对商都遗址文化进行解读。展厅灯具照度适宜、均匀，增强了文物与展品本身的艺术效果。在展板设计中，我们科学处理字体、色彩、形状、图文的关系，清晰明确的层级关系，严谨细致的叙事结构，实现了形式与内容的和谐统一。在色彩方面，我们从文物中提取灵感，使用夯土黄、青铜绿、朱砂红，高度契合展览主题。

从形式、色彩、选材上，我们不断营造"虚"与"实"的城的形象，彰显展览主题。通过独特的空间组合和赏心悦目的色彩光影，营造出别样的展览氛围，让参观者在视觉和感官上全面体验商都文化的魅力。在细节方面，注重文物与辅助展品的组合，我们自创各种辅助展品，使文物功能用途一目了然。除此之外，还有重点遗迹 3D 打印技术、视频动画模拟技术等多种手段。数字技术的应用为展览增色添彩。

展览中序厅的环形浮雕墙，复原展厅的模型沙盘，主题展厅的宫殿复原、大型筑城场景、郑州古八景动画演绎等重点、亮点展项，以打造"有温度的历史文化空间"为设计理念，设计风格厚重简约，最大限度地还原历史原貌，展现商都的盛世气象和文化魅力。

3. 各展厅主题的策划和设计特色

郑州商城作为商王朝的开国之都，代表了早商文明的发展高度，完善了中国古代都城制度体系的历史脉络。展览以"巍巍亳都　王都典范——郑州商代都城文明展"为主题，以郑州商城 70 余年来的考古发掘和学术研究为基础，经过反复修改和论证，实现学术成果的转化，全面展示出郑州商城的发掘研究成果、保护历程、文化阐释等内容，全面、系统、完整地呈现郑州商城历史发展进程。

郑州商代都城遗址博物院展陈空间包括序厅、基本陈列展厅、临展厅。展厅结构与建筑空间设施结合良好，为各展厅主题内容设计提供了理想的空间条件。

（1）序厅

空间结构特征：圆形无柱空间，层高为 5 米、面积为 700 平方米。

主题与传播内容：先商历史与商之始祖、商族的迁徙、商汤灭夏的历史；表现郑州商城的城市轮廓与今天郑州市区的空间结构相对应。

环形展墙部分：适合表现叙事性的宏大历史。以巨型环形浮雕的形式讲述商王朝建立以前在黄河流域的辗转流迁、夏商对峙中的逐步强大、商汤灭夏建亳到盘庚迁殷的商代历史、商族的起源与发展全貌。

序厅入口处设置照壁挡墙，照壁上设置展标，并设计了镂空的洛阳铲造型，寓意郑州商代都城是一座由考古发现的千年王都，并在照壁下投射相应表述内容。

序厅四周巨幅环形浮雕讲述了先商和商代故事，展厅中央地面投影与年轮顶饰上下呼应，寓意郑州古今同地，历史文化一直延续。

中心圆的核心部分为整个陈展主题点睛之处，是整体内容的开启点，适于设置古今郑州商城的多媒体影像。郑州商都遗址的空间结构与今天郑州市区空间对应，展示出郑州商城是一座由考古发现的千年王都，3600 多年来城市中心从未转移，表现郑州人脉不断、文脉不息的城市生命特征。

（2）第一展厅（复原厅）

空间结构特征：上下双层挑空式空间结构，层高为 14 米，面积为 1120 平方米，为大型数字沙盘还原商代都城的城市布局和规划创造了有利的环境条件。

主题与传播内容：大型沙盘和立体数字投影结合，展现作为王都的郑州商代都城的整体规划和功能分区，呈现早商时期规模最大的城址，以及对后世中国古代都城的规划影响。

（3）第二展厅

空间结构特征：方形半封闭空间，层高为 5 米，面积为 1000 平方米，适合进行各种遗迹和城市功能区的场景复原展示。

主题与传播内容：展厅以商代城墙夯土元素为装饰主题。文明摇篮单元展示了郑州地区是华夏文明发祥地和核心区；玄鸟生商单元讲述了商族历史；巍巍商都单元以场景复原的形式，重现了筑城、宫殿、铸铜、制陶、供排水系统、青铜器窖藏、祭祀等场景，展示王都的恢宏气势。

（4）第三展厅

空间结构特征：方形半封闭空间，层高为 5 米，面积为 1000 平方米，适合将珍贵文物进行分组展示，安全防范视界无碍。观众参观动线走向设置顺畅。

主题与传播内容：郑州商代都城作为当时最大、最繁荣的政治经济文化中心，汇聚了四方人群，除了商王室和贵族，还居住着众多中小贵族、平民、手工业者等。从不同角度，展示与深入解读郑州商城出土的各类文物，诠释郑州商城的文明程度，以丰富的器物种类与器型组合再现了商都的城市社会生活，再现 3600 多年前商代都邑的民生百态。

商王朝的地域控制通过郑州商城同时期各地方类型的商代考古学文化内涵，展现早商文化的辐射和影响范围，展示出王畿腹地内众多城址和"四方"之域的城邑，都与中心都邑紧密关联。

（5）第四展厅

空间结构特征：方形半封闭空间，层高为 5 米，面积为 1000 平方米，宜于自由区隔和布局，为开放式空间设计。

此展厅讲述商代之后郑州的历史，3600 余年间，文脉不断，人脉不息。在展览最后展出商城考古和商文化遗址的发现、研究、对比、学术成果和保护历程。

二、展览内容设计解读

展览内容设计的过程即策展理念逐步实现的过程。

（一）展陈内容的逻辑结构说明

在内容编写时，我们勇于做出重大的思路和设计更改，在原有大纲已经基本完成的情况下，按照新理念和新方法重新调整基础内容和结构体系。我们摒弃了展览常用的通史体例和以文物为主线的展示内容架构，按照聚落考古学研究的理念，解读郑州商城遗址，并大胆采用最新的考古研究成果解读展示城址的重要价值内涵。聚落考古的思路就是不以历史发展为主线，而是全面系统地阐释遗址的规划布局、社会构成、产业经济面貌、文化交流和辐射影响等概念。内容展示以商王朝的历史作为背景知识，对其没有过多着墨、详细展开。

展览整体采用的是解疑式的叙事结构，由历史情境引入展览。展览的核心是城与人的关系，考古并不是一条主线，它是隐含在城和人的关系里面的。考古在展览中是一条虚的线路。比如在序厅的形象墙上，正面是镂空的洛阳铲造型，隐喻着郑州商城是一座由考古发现的千年王都，形象墙背面的陈列内容是郑州的城市变迁史。正面与背面的展示内容均附着于情境，3600 多年来城市中心区从未迁移。

在内容结构上，一开始是从整体出发，将视角放在世界范围内，阐述商文明在世界历史上的影响和作用。然后来到了黄河流域，从黄河流域出发，讲述中原文明发生发展的必然，在大河文明的视角下，描述郑州商城遗址的地位和作用，以及其在中原这个地域内形成和起源的必然性。在上述介绍打底的基础上，观众自然而然地对商代都城"亳"都的建立有了更深的理解和更强的求知欲。接着我们领着观众进入了郑州商城的讲述。在郑州商城这里，又是一个总分的结构。一开始先讲城的布局规划，然后逐个介绍城中重要的遗迹，最后是城中出土的器物展示。

而在器物的展示上，展览也有自己的叙事逻辑。首先划分人群，将城中的人群分开介绍，分别是王室贵族和城市平民。王室贵族主要讲他们的礼仪、生活、祭祀信仰。城市平民则从生产劳动开始，引出他们的生活。在生产之后，如何加工食物，如何盛放加工过的食物，吃不完的食物如何存储，剩余的也不能浪费，可以用来酿酒。我们的展览中出土文物的陈列就是按照这个顺序，依照一定的叙事逻辑来进行设计的。

从展览整体来看，也是按照从整体到局部、由大到小的视角来呈现的。内容结构先总后分，先整体后局部，先宏观后微观，脉络清晰、循序渐进、揭示主题。层层递进式的演绎让观众对郑州商城的认识越来越清晰。序厅是展览氛围的营造，第一展厅的复原沙盘是对郑州商城整体规划布局形制的介绍，第二展厅才是对郑州商城遗址文化内涵各个细节的介绍，由总到分，由整体到细节。

考古遗址类博物馆展览具有很强的专业性，怎样才能够让普通观众看明白展览内容，通过展览理解遗址的价值和内涵，是一个普遍存在的问题。遗址博物馆对展览的阐释，是一个将科研成果与观众认知进行链接、帮助观众理解内涵的过程。我们在整个展览的创作过程中始终坚持站在观众的角度去思考问题、解读遗址，以普通观众认识了解一个城市的思路和认知过程，去思考怎样解读这座城址。同时，我们努力创新考古遗址成果的表达方式和方法，整个展览不完全是纯粹的考古成果展览，在现有考古成果基础上，我们参考夏商同时期重要考古成果的应用，合理推论作为都城遗址应当具备的重要内涵和结构布局，把博物馆展示与考古成果作一定区分，并与保护和利用相结合，联系观众的相关的生活实际，在此基础上对遗址进行深入的通俗化和多样化解读。

我们团队通过以下几方面的展览阐释，帮助观众读懂展品，深化对整个展览的理解与认知。

第一，根据考古发掘实物资料和丰富的史料，通过场景复原展示，"再现"早商王都。

郑州商城遗址位于郑州市城市中心区，东至凤凰台，南至二里岗，西至西沙口，北至花园路，遗址全境与现代化建设完全重叠，被现代道路和民居分割，整个遗址呈碎片化分布，人们较难一览全貌。因此在第一展厅，我们利用巨型复原沙盘，将 25 平方千米的早商都城浓缩进展厅内，现存的片段化的遗址在这里得以整体呈现，让观众对郑州商城遗址的全貌拥有了整体性概念，弥补了实地参观的局限性。

数字沙盘占地 400 余平方米，规模宏大，由地面立体沙盘模型、壁挂显示屏和数字投影三部分组成。地面沙盘等比例缩小，模拟真实地形，高低起伏，城墙、房屋、树木、湖泊分布其间，生动再现郑州商城的城市布局和环境面貌。壁挂显示屏通过动画对郑州商城的营造进行了生动的讲解与演绎，并用数字投影加以配合，制造光影效果，突出重点。三者相结合，以新科技演绎历史，打造宏观沉浸式观展体验。同时沙盘采取了模块化搭建的方式，因此具有可修改性，可以持续跟踪考古新成果并进行更新，与考古研究保持同步。

第二展厅则以微缩场景复原的形式，对郑州商城内的布局进行了精细化展示。展厅内模拟还原了筑城、宫殿、铸铜、制陶、供排水系统、青铜器窖藏、祭祀等场景，让观众从复原厅的宏观体验进入局部的微观体验。

第二，展示与文物保护相结合，体现保护和利用结合。

在展厅内展出重点遗迹。在博物馆内展出遗迹，一方面可以丰富展览内容，让观众对遗址有一个更直观的感受；另一方面也是博物馆对遗址做出的保护措施。郑州商城遗址许多考古工作都是为了配合城市基础设施建设而开展的，因此一些重要遗迹无法原地保护并进行展示，例如夕阳楼祭祀遗迹中的人骨、猪骨，部分考古地层，内城垣部分夯土等。通过整体套箱提取并采取保护措施后，在此次博物馆陈展中进行了保护展示。

通过遗迹、遗物的提取、征集、借展，文物得到有效保护和合理利用，充分发挥出文物应有的价值。展示遗迹和遗物本身的形成和变迁，是遗址博物馆让公众了解过去的重要途径。

第三，内容展示与现实相结合。

作为一个为社会及社会的发展服务的机构，遗址博物馆不应当局限于展示遗迹、遗物与当时的人及社会之间的联系，更应当反映其发展和变化的内在原因如何对现代的社会生活产生影响，并且究竟产生了哪些影响。例如郑州商代都城遗址博物院所展示的不只是考古发掘成果或者商代文化，还要适当地反映它对后世乃至今天的文化及其他意识形态领域产生的影响。只有这样，才可能使今天的观众以他们现有的知识结构和生活经验去理解和品味历史文化，从而充分发挥遗址博物馆的传播职能。

（二）展览内容以商都历史为主线，构建清晰的展示脉络

郑州商代都城遗址博物院是一座以讲述早商文化为主的专题遗址博物馆。展览以体现早商历史文化内涵为主，全面、系统、完整地呈现了郑州商城的文化内涵，让观众通过展览，对郑州商城形成较为清晰的认识。

全面展示郑州商城的形态、结构、居住人群等重要特征，揭示郑州商城文化内涵及都城属性，认识了解郑州商城"古今同地""四维空间"属性特征；从局部来讲，解读的是郑州商城出土的重点遗迹和遗物，呈现70多年来考古发掘和保护研

究的历程及成果。

　　展览以"巍巍亳都　王都典范——郑州商代都城文明展"为主题，展览总展陈面积约为 5500 平方米，展示了近千件（套）郑州商城遗址出土的珍贵文物。展览分为序厅、复原厅、基本陈列厅三大部分，观众可按照参观流线依次走进序厅、第一展厅（沙盘厅）、第二展厅、第三展厅、第四展厅。

　　序厅和复原厅是展览的铺垫和总述。

　　序厅四周为巨幅环形浮雕墙，通过讲述经典文献中的七个历史故事讲述先商和商代历史，把观众带入历史的场景和氛围中。第一展厅（复原厅）解读和展现了郑州商城在世界文明史上和中国城市文明史上的地位和历史文化价值，并通过大沙盘呈现郑州商城的整体布局和功能分区，以 400 多平方米的巨型复原沙盘结合数字投影的形式，将 25 平方千米的早商都城浓缩进展厅，以新科技演绎历史，打造宏观沉浸式观展体验。

　　基本陈列厅是主体内容，包含"文明摇篮""玄鸟生商""巍巍商都""大邑商都""四方之极""生生不息""守望保护"七个单元，展示厚重的商都文化和最长的城市延续脉络。

　　第二展厅以商城的生态环境和 3600 多年前大自然地貌作为展厅主题内容的开端，恢宏的原大小复建的城墙、宫殿与城墙夯窝相互参照；祭祀坑原址搬迁，手工业作坊、供排水设施、青铜器窖藏坑的复原等，以考古发掘现场实证郑州商城的时空结构。

　　第三展厅将出土文物与不同尺度的城市空间相结合，透物见人，展现商代都城的人群与社会。郑州商城是当时全世界最大、最繁荣的政治经济文化中心，城内人口云集，除了商王室和贵族，还居住着众多中小贵族、平民、手工业者等。城市不同功能分区明确了城市人群不同的身份、等级和地位。王室贵族居住在内城，是城市社会的核心及管理者，我们通过"器用与礼制""祭祀与占卜""军事与征伐""奢侈品获取与使用""书写与知识"几个部分来展开讲述。城市平民生活在内、外城垣之间的郭区范围内，我们通过展示生产生活用具、饮食和居住形式来呈现商代平民的日常生活。郑州商代都城内还规划有专门的手工业作坊，从事铸铜、制陶、制骨等生产活动。我们选取了手工业作坊内出土的器物进行展示。

接着从早商城市体系的展示出发，再现以郑州商都为核心的早商国家。商王朝作为当时四方各国的典范，以都城为中心统治着东南西北的众多方国，从中心王都到地方城邑，形成了严格的城市等级制度。我们选取了王畿腹地的城邑和"四方"之域的城邑进行对比，通过比较，展现了商王朝对地方的控制。

第四展厅讲述城市历史文脉的传承与延续。郑州商代都城自商以后，历经周、秦、汉、唐、宋、元、明、清，演变成为一座现代化的大都市。通过"亳迹犹存""汉韵未央""唐宋风物""明清市井"四个部分，呈现了郑州古今同地、生生不息的城市特性；同时展现了在几代考古学人的努力启发下，当代人发现、认识、保护商都的历程。20 世纪 50 年代以来，以安金槐先生为首的几代考古和文物保护工作者呕心沥血，艰苦探索，获得了大量考古资料和珍贵文物，为全面阐释和理解商代前期社会奠定了坚实的基础。郑州商城的保护利用，也经历了从发现发掘初期的被动保护利用，到 20 世纪 80 年代的主动保护利用，再到 21 世纪的整体保护利用三个阶段。

综上，我们以商代历史和商民族演进的大背景作为整体展览的切入点，并以郑州商城前世今生的总述作为序厅的开启点。

第一展厅以巨型郑州商城的城市复原大沙盘全面展示郑州商代都城的整体布局和功能规划。第二展厅全方位解读郑州商城重点功能区及基础设施的空间结构，系统展示城墙结构、城市水利、宫殿区、手工业区、祭祀区的布局形态，从而丰富并深化关于郑州商都的城市印象。第三展厅进行商城遗址出土的各类文物的展示，将重点文物与城市人群相结合。科学、历史、艺术的信息在文物展示中得到深入解读。从商代都城、王畿到四服，商城从中原向外辐射，再现二里岗文化时期从大陆腹地空前扩张的趋势。同时期不同区域的城址、关隘、墓葬、器群呈现出高度的文化统一性。黄河和长江流域这一东亚文明的腹心地区开始由多元化的邦国文明走向一体化的王朝文明。第四展厅对郑州城市历史的延续进行解读。商代之后城址不移，历代不断沿用城市的内外框架，城市文脉不断、生生不息。在展览的最后部分，展示的是 70 余年来对郑州商城的发现研究做出贡献的众多学者的考古和治学道路、风采、观点、探索、成果，从 3600 多年前的遗存、20 世纪 50 年代的考古发现，以及数百学人、千百万字的成果，找出数字和现实的关联。展览落脚于当下这片土地，展示郑州市区与郑州商城在不间断的历史演进和动态保护中所呈现出的新貌新颜。

三、展品准备与选择

在郑州商城遗址发掘过程中，从二里岗遗址的发掘到城墙、大型宫殿基址等的确认，以及后续有针对性的、持续的调查和发掘研究，我们对郑州商城的形制布局有了深刻的认识。考古发现的城墙、宫殿基址、祭祀遗址、手工业作坊、输排水管道和水池等珍贵遗迹，尤其是三处青铜器窖藏坑出土的精美重器文物，为我们的基本陈列提供了考古和学术研究成果支撑。

郑州商城遗址出土文物分布在国家博物馆和河南省、郑州市博物馆展览中，以及河南省文物考古研究院、郑州市文物考古研究院库房中。在撰写文本大纲的同时，我们开始准备展品，逐步开展文物征集和复制、文物借展、文物捐赠和遗迹提取等一系列工作。

（一）展品准备——从"零展品"到"满足布展需求的展品体系"

1. 文物征集和复制

我们在撰写展览文本的同时，把考古工作者发掘、研究和保护商城遗址的历程纳入了展览体系。因此，在展览筹备之初，展览、征集工作齐头并进。展览征集了一批郑州商城的发掘者、研究者的相关资料，涉及手稿、老照片、器物绘图和考古工具等。随着展览大纲的完成，第四展厅"守望保护"单元的文物已征集到位，成为郑州商代都城遗址博物院首批展品和特色展品。

2019年4月，策展团队在北京拜访了商文化专家，征集专家手稿。机缘巧合之下，我们得到了邹衡先生的手稿《郑州商城是商汤灭夏前后的亳都》。这是此次北京之行最大也是最意外的收获。它与安金槐先生的手稿《对于筹建"郑州商城博物馆"的设想》相互印证、前后连贯、互为补充，并为商代都城遗址博物院的"镇馆之宝"。

我们复制了部分难以借展的青铜礼器。礼器是社会地位的象征，又是"明贵贱，辨等列"，确定上下、尊卑、亲疏、长幼之间的隶属服从关系的标志物。青铜礼器是反映郑州商城作为王都的最重要的实物资料。我们复制了部分郑州商城出土的典型青铜器，如兽面纹铜方鼎（又称杜岭一号方鼎）、兽面纹大圆鼎（向阳回族食品厂窖藏坑出土）等。鼎是礼制中传承历史悠久的器用之一，是国家文明的象征，是商王朝政治与宗教权威立于中原的象征。这些必不可少的复制青铜器增强了第三展厅"大邑商都"单元的展示效果。

我们还收集和拍摄了与展览相关的视频资料，如对郑州商城的发掘者、研究者和保护者（优先考虑年纪较大的专家学者）进行访谈拍摄，不仅有利于完善馆藏视频资料，还为展览多媒体展示提供了丰富而高质量的素材资料。

2. 文物借展

策展团队多次与河南省文物考古研究院、河南博物院、郑州市文物考古研究院和郑州博物馆等多家单位沟通协调，分批次借展文物，基本满足了基本陈列文物布展的需求。

2021 年 6 月，我们与河南省文物考古研究院签订第二批文物借展协议，借展郑州工作站 120 件（套）郑州商城出土文物。这批文物绝大部分为陶器，这些陶器作为郑州商城出土陶器分期的标准器，上展率近 100%，展示了郑州商城出土陶器的特征和各期陶器演变发展的轨迹。

2021 年 11 月，我们与郑州市文物考古研究院签订第三批文物借展协议，借展文物 75 件（套）。这批文物为郑州西南郊常庙故城出土的战国文物。部分陶豆柄上刻有"亳"字陶文，与郑州商城出土的商代牛肋骨刻辞所存"乇"字，构成完善了商代至东周时期"乇（亳）"地望的链条，为"郑州商城即商代亳都"的学术观点提供了有力证据。

3. 文物捐赠

为了加强馆际交流互助，2022 年，郑州大象陶瓷博物馆无偿捐赠了一批陶瓷文物。这批文物时间跨度大、品类丰富、精品珍品多，为深入研究中原陶瓷历史文化提供了良好的素材和依据，有着丰富的文化内涵和较高的研究价值。此次文物捐赠意义重大，不仅丰富了商代都城遗址博物院的馆藏文物，也让更多的观众在参观中得到了文化滋养。

4. 遗迹提取

为丰富遗址博物馆展陈内容，我们在展览体系中加入了遗迹展示，将遗迹展示和文物展示协调统一起来，带给参观者更直观形象的观展体验。

祭祀在商人的精神观念和社会生活中有着举足轻重的地位，郑州商城的不同地点均发现了大规模与祭祀相关的遗存。如在内城西南部夕阳楼祭祀区出土的猪骨祭祀坑，坑内猪骨骨架结构完整、形态独特，具有极高的陈列观赏和研究价值。我们在发掘现场对该坑猪骨骨架进行现场保护加固处理，在此基础上实施整体切割，套箱提取，完整地将其提取回博物院库房。

郑州商城建有城、郭的防御体系。为展示郑州商城内城垣结构和工艺，经过考察筛选，我们确定揭取郑州白寨商城城墙的一段夯土。在选取揭取的城墙剖面点位并操作完成后，我们对揭取的剖面进行处理加工，使其满足展陈需要并纳入展览体系。

5. 遗迹复原

为了让不会动的"物"跟参观者进行交流，我们复原了部分重要遗迹，使观众在展览中体验到遗址所具有的生命力和情感。如第二展厅入口的主题墙原大小 3D 打印了内城南城垣中段的紫荆山路城垣断面，清晰直观地展示了郑州商城 3600 多年来的风雨历程，为郑州商城城址不移、人脉不息提供了有力的佐证。我们复原了宫殿区输排水设施，参观者看到它们就能明白郑州就是一座王都。展览还复原展出了 1982 年发现于郑州商城内城垣东南城角外侧的向阳回族食品厂窖藏青铜器出土时的场景，此处共出土 13 件青铜器。大方鼎与大圆鼎两口相对，鼎内和两鼎之间放有牛首尊、羊首罍、提梁卣、中柱盂等青铜器，观众可以从中感受商王和贵族祭祀的庄严奢华。遗迹复原真实再现了遗迹遗物的考古发掘现状，提升了陈列的吸引力与解读的深度。

（二）展品选择——多形式"展品组合"呈现"文物之美"

展品选择上高度契合展览先总后分、先整体后局部、先宏观后微观的叙事结构，循序渐进地把展品呈现给参观者，把握好各展厅的逻辑性和展品呈现的节奏感。

对于郑州商城的出土文物，在展厅集中保护展示，主要在第三展厅和第四展厅。在展品选择时，构建展品之间的组合与联系，搭建并完善展品序列，注重提升展品的展示效果，力求做到物尽其用。

1. 第一展厅

第一展厅（复原厅）在阐释郑州商城历史文化价值的基础上，以 400 多平方米的巨型复原沙盘结合数字投影的展示形式，将 25 平方千米的早商都城浓缩进展厅内，以新科技演绎历史，打造宏观沉浸式观展体验。沙盘将持续跟踪考古新成果并进行更新，与考古研究保持同步 。

2. 第二展厅

第二展厅入口主题墙镶嵌了原大小 3D 打印的紫荆山路城垣断面，断面下堆积着大量室内整理完成后的陶片，展示遗址特色，寓意早商文明画卷的展开和郑州厚重的历史积淀。

该展厅通过图文展板、器物组合、视频动画、场景复原等手段，对"都城"的内涵进行深层解读。例如，在讲述版筑法时，将之前收集的城墙夯窝标本、筑城工艺微缩场景、筑城三维动画结合，系统形象地展示了城墙的结构和工艺；通过夕阳楼祭祀坑遗迹提取的实物展示，反映了祭祀在商人精神观念和社会生活中的重要地位。该展厅从宏观和细微着手，详细展示城墙筑造、铸铜、制陶、宫殿、供排水设施、祭祀和窖藏的形制工艺技术，展示王都的恢宏气势。

3. 第三展厅

第三展厅以实物陈列为主，包括大邑商都和四方之极两个单元。大邑商都单元介绍郑州商代都城作为当时最大、最繁荣的经济文化中心，城内人口云集，除了商王室和贵族，还居住着众多中小贵族、平民、手工业者等，以丰富的器物种类与器形组合再现了他们的城市生活。四方之极取自《诗经·商颂·殷武》中"商邑翼翼，四方之极"，展示出商王朝的地域控制、商文化的辐射影响及郑州地区商代的历史文化延续。本展厅展出了不同地区出土的商代文物和郑州地区晚商时期的重要发现。

在此展厅，文物展示方法的第一种是借来真品文物进行展示，第二种是复制品的展示。展览展示内容丰富，展品选择广而丰。按照出土单位、器类材质、年代分期、文化场景、地域对比等文物组合方式选择文物，让观众看得明白、看得有兴趣，激发他们的想象力。重点展示、凸显杜岭一号方鼎（复制品）、兽面纹铜钺、原始瓷尊、习刻字骨（复制品）等重点文物，通过展示王室重器，再现王都气象。

在进行文物展示时，为提升展示效果，我们做了很多细节上的设计。如提升重点文物自身展示效果。针对文物不同体量、材质、色彩等特征，通过改造展柜、改善灯光、改进文物展品组合及摆放形式等方式，使文物更为突出、更具观赏性。

帮展品说话。良好的展品组合和展示方式可以使观众更好地理解展品的内涵，提升展览的教育和观赏价值。早商王室贵族和城市平民，他们所用的器物不同，器物的使用方式和功能也不同，我们通过组合展品，复原使用场景，把这些内容详细解释清楚。如讲述祭祀与占卜时，我们复原了占卜流程，通过加工骨料、标记、钻凿灼烧、占卜书写、刻辞记录等步骤，一步步解读细节，生动再现占卜过程。

在展示城市平民生产劳作时，我们把丰富的文物按照生产工具的类别和用途划分展柜，在细节方面，注重文物与辅助展品的组合，功能用途一目了然。在布展时，把网坠、弹丸、鱼钩、石镰和石铲等这些普通的器物细节讲清楚展示好。通过工具

图3-1　生产工具使用方式复原

装柄、网坠加网等，直观展示狩猎、耕种、纺织等功用，再现城市平民的劳作生活，帮助观众看懂文物，理解展览内容（图3-1）。

　　建立展品的关联和呼应。通过时间、地域、主题等方面建立展品的关联和呼应。在讲述早商王朝的王畿腹地、"四方"之域及都城安阳时，通过合理的布局和陈列，使观众更好地理解展品之间的联系和发展脉络，提升观展的连贯性和逻辑性。

　　在布展过程中重视传播知识、服务观众，根据需要及时调整布展细节。在文物展示时，关注展品的名称及用途，避免使用展品属于某考古学文化的某某期、某某类型等深层次信息，让参观者在短时间内领会展览意图。

4. 第四展厅

第四展厅在讲述郑州城市历史文脉的传承与延续时，通过色彩、材质、形态等方面建立展品之间的呼应，增强展览的观感和美感。讲述守望保护时展示了考古资产。郑州商城的考古发掘和研究史，是中国考古学史的一个缩影，安金槐先生和邹衡先生的手稿和考古工具，让观众感受到这是一个有温度的展览，能与观众产生情感共鸣。

遗址是最后一件展品。遗址与遗址博物馆融合在整体的遗址文化氛围中，形成整体统一的文化景观。观众可以透过建筑大厅的玻璃幕墙远眺百米外的东南城垣遗址，完成观众与商城遗址的千年对话。

在今后的工作中，我们将进一步加强展品的通俗化解读：一是合理利用数字技术，将有限的资金优先运用到对展品内涵和展览内容的诠释上；二是增加观众参与互动体验项目等辅助展示手段，提升展览的吸引力与解读的深度，强化体验感和参与性；三是在展览中融入郑州商城最新考古发现成果，新成果的展出将会成为展览的又一重要亮点。

（三）展品知识延伸

1. 最有"预见性"的文物——《对于筹建"郑州商城博物馆"的设想》手稿

安金槐先生早在 1989 年初就提出了建设"郑州商城博物馆"的设想。手稿内容涉及郑州商城博物馆建设的必要性、馆址和馆内布局。现在的馆址与安先生当年设想不谋而合。这种跨越时空的重合，令人感动和惊喜。

图3-2　邹衡先生手稿

2. 最有"缘分"的文物——《郑州商城是商汤灭夏前后的亳都》手稿

　　该展品高度契合基本陈列的"亳都说"布展基调。在 2003 年 11 月 30 日召开的"郑州商都 3600 年学术座谈会"上，邹衡先生做了题为"郑州商城是商汤灭夏前后的亳都"的发言。结合考古发现、文献记载和自然科学手段测年数据，他提出郑州商城与偃师商城是商代最早的两处具有都邑规模的遗址，推断郑州商城为早商亳都，偃师商城为陪都或离宫性质。

　　邹衡根据多方考证，特别是对郑州商城出土的"亳"字陶文的确认，促使他大胆地提出，郑州商城即商汤所居的"亳"地。邹衡把郑州商城推断为商汤的亳都，将其从中商提到了早商。直至现在，考古界对此仍有所争论，但这也恰恰说明商城遗址具有极高的学术研究价值。

　　这件最有"缘分"的文物来自策展团队对展览的辛勤付出，来自北京的专家们对博物院的殷殷期盼，冥冥之中，它有了属于自己的最佳归宿，讲述着邹衡先生锲而不舍、勇于探索的治学精神（图 3-2）。

图3-3　原始瓷尊修复前、修复中和修复后

3. 最"捡漏"的文物——原始瓷尊

　　一个好的遗址博物馆展览，离不开省、市考古发掘研究机构的大力支持。在文物借展过程中，省、市文物考古研究院给予了大力支持。在郑州市文物考古研究院借展陈文物时，院领导特许我们进入库房挑选所需上展文物，然后再办理借展手续。在库房入口，我们一眼就看到了这件放在角落中，在众多文物中颜色最不起眼的文物——原始瓷尊。听库管老师讲，这件文物整理完成后刚入库，如果早两天去挑选，我们也没机会挑中它。

　　这件敞口、折肩，肩腹饰有排列密集而规整的斜行小方格纹的原始瓷尊，胎骨坚硬致密，表面施釉。与后代的瓷器相比，它虽带有不少原始色彩，但已基本具备了瓷器的特征（图3-3）。郑州商城原始瓷尊的出土，将我国开始烧制瓷器的时间提前了 1000 多年，极大地开阔了学术研究的视野。

4. 最需"复制"的文物——牛肋骨刻辞

1953年,在郑州二里岗遗址发现一片刻辞牛肋骨,残长约为7.3厘米、宽为3.8厘米、厚为0.3厘米,上面有三竖行刻辞,共计11字,释为:"又屯土羊乙丑贞从受七月"。该刻辞记录了羊侑祭祀屯土("土"通"社")的一次活动,并在七月乙丑日贞问祭祀结果的事情。

郑州商城牛肋骨刻辞的发现,将甲骨文的出现年代提前至二里岗时期,为探寻商文明的发展脉络提供了有力线索。据相关学者研究,其中"屯"字的发现及其释读,佐证了郑州商代都城遗址即为商汤之"亳"。

5. 最"大"最"独特"的文物——郑州商城内城垣

我们的目标是把"观城"纳入遗址展示体系。为了实现城垣遗址、建筑外观、陈列展览的有机统一,展厅艺术设计与建筑设计相协调,我们透过建筑的玻璃幕墙远眺百米外的东南城垣遗址,将遗址本体作为展品呈现。

把标志性元素纳入遗址展示体系。现存的商城夯土城垣是郑州商城遗址的典型特征,在陈展各展示空间中作为重要环境氛围元素加以显现,实的"城"和虚的"城"交替出现。

城垣贯穿展览始终,使"城"的形象更加丰满,成为整个展览的最大亮点之一。

6. "回家看看"的文物——兽面纹铜方鼎

兽面纹铜方鼎又名杜岭一号方鼎,通高100厘米,口长62.5厘米,口宽61厘米,重86.4千克。立耳,口近长方形,腹部呈方斗形,壁微斜,平底,下承四柱足,中空,纹饰以兽面纹和乳钉纹为主。该文物于1974年在郑州市杜岭张寨南街出土,是迄今发现的商代早期最大的青铜器（图3-4）。

图3-4 兽面纹铜方鼎（复制品）

在本展览中，我们所展出的是该鼎的复制品。希望在不久的将来，杜岭一号方鼎能回家"省亲"，和杜岭二号方鼎相聚在郑州商代都城遗址博物院，让参观者在它的家乡一睹它的芳容。

7."淘来"的文物——"城工局砖"

明清时期，郑州商城外面有青砖垒砌加固。清光绪年间，还在郑州设置了"城工局"，专门负责城砖的烧制。可惜，北伐战争冯玉祥主政河南期间，城墙上的青砖均被拆毁。

　　此砖见证了郑州商城城墙的沧桑变化，我们有心征集和收集，一直求而不得。某个周末，策展团队人员在逛郑州古玩城时，在流动摊位上看到两块带"城工局"字样的城砖。常年身在商城遗址保护一线的工作人员，凭借丰富的工作经验，一眼认出这就是明清时期的城砖，心中甚是惊喜，视若珍宝，价都没砍就买了下来，无偿捐赠给了博物院。

　　这不仅是一个展品，更是策展团队用心打造展览的见证。

8. "迟到"的文物——荥阳小胡村晚商墓地M105器物组合

　　荥阳小胡村晚商墓地出土的青铜器中不少有铭文"舌"，这引起了学界普遍关注，被认为是"舌"族墓地。而相同铭文的青铜器在安阳王都也有出土。

　　小胡村晚商墓地等级偏高，出土了成套青铜礼器，观赏性强，因此，在选择展品时，我们把小胡村晚商墓地出土器物组合纳入展览体系。该展品组合为探讨晚商时期郑州地区的人群和社会提供了重要资料。

　　当时，由于《荥阳小胡村商周墓地》发掘报告正在出版中，我们和河南省文物考古研究院约定，等报告出版后，让 M105 出土文物尽快和参观者见面。第一批文物借展时，它没有出版；第二批文物借展时，报告还是没有出版。所以在 2021 年底，博物院试开馆时，我们没有见到它们的身影。

　　2022 年 3 月，发掘报告出版，为此，河南省文物考古学院专门与我们签订第三批文物借展协议，我们在 2022 年 7 月正式开馆时展出了这些文物。它们虽姗姗来迟，但绝对不会缺席。

　　郑州商代都城遗址博物院承载着文博人的热爱，承载着郑州的历史，也承载着中国的故事。

四、展览形式设计解读

在展览形式设计中，策展团队注重展览的整体规划，将展览的主题、内容、形式和空间有机地融合在一起，通过独特的空间组合和赏心悦目的色彩光影，营造出别样的展览氛围，让参观者在视觉和感官上全面体验商都文化的魅力。设计与内容相适应，比如唐宋风物部分，顶部采用中国古典建筑的"人"字顶样式，结合独立展柜后方镂空方格隔断点缀装饰，古典韵味十足。

空间设计尊重原建筑特点，坚持科学合理和以人为本的原则，展区整体与个体之间有机协调，展厅室内设计体现现代美和美观性，风格雅致、特色突出，契合展示手段需要。展厅既有连贯性，又有独立性，空间疏密得当，有曲有直，方圆相济，富有节奏，能调动观众的参观兴趣，引导观众更加有序、清晰、合理地完成整个观览过程。

在空间布局上，巧妙利用建筑空间，各展厅之间有机协调。序厅通过环形浮雕营造历史氛围感。第一展厅贯穿两层，以高大恢宏的建筑空间和巨型复原沙盘打造视觉爆点。第二展厅通过模块化空间展现了多个精细化、准确化的小型场景复原模型。第三、第四展厅空间宽敞、布局简约，重点展示郑州商城出土的文物。馆内公共空间宽敞明亮，通过高质量的艺术作品彰显出遗址博物馆的文化属性和地域特色。

在色彩方面，策展团队注重创意，从文物中提取灵感，选取夯土黄、青铜绿、朱砂红等主题色，既契合各展厅主题，又使文物更为美观地呈现。

整个展线长度为1236米，避免了人流交叉现象，主线、动线相辅相成，展线引导标识清晰（图3-5、图3-6）。

郑州商代都城文明展站在最新前沿，巧妙解决了大遗址研究成果与博物馆展示的矛盾。大型复原沙盘结合数字投影的展示形式，将碎片化的遗址在博物馆陈展空间中完整呈现。沙盘中不同的模块犹如积木一样拼装在一起，随着考古新成果的出

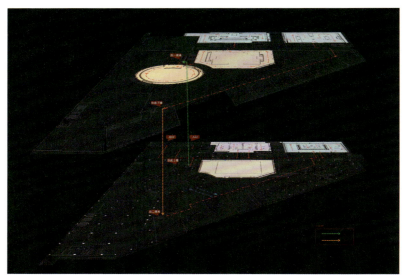

图3-5　展区总展线（上）

图3-6　展区引导标识（下）

现，可以随时进行修改和补充。除此之外，还使用了重点遗迹 3D 打印技术、视频动画模拟技术、4D 影院等多种手段，为观众呈现了一个既能够满足求知欲，也能够满足观赏需求的综合性展览。

（一）以"读城"为核心的展览形式设计

　　"巍巍亳都　王都典范——郑州商代都城文明展"以"读城"作为策展理念，始终围绕对郑州商城这座"城"的解读展开。以"读城"为核心理念的展览形式设计，不仅仅局限于展览自身、展厅内部，而是尽最大可能做展览的外延，将遗址、博物馆、城市作为一个有机整体。

　　遗址是遗址博物馆最重要的展品。现存的夯土城垣是郑州商城遗址的典型特征，郑州商代都城遗址博物院选址在郑州商城遗址内城东南城垣内侧，一方面，来到博物馆的观众，在看到博物馆的同时也能够欣赏到遗址本体，博物馆将遗址本体作为展品向观众呈现；另一方面，郑州商城遗址位于城市中心区，对于生活在这里的人们来说，即使不考虑博物馆因素，其所在的城市天然就具有展馆的属性。郑州商代都城遗址博物院建筑外观为抽象的现代几何造型，综合运用了城墙、夯土、青铜、玉石、考古探方等商代文化元素，整体建筑与东南城垣遗址遥相呼应，形成环抱的态势，不仅与紧邻的东南城垣和所处的遗址公园风貌协调，也在形式设计上彰显"城"的理念（图 3-7）。

　　在展览的形式设计上，也始终将"读城"理念贯穿始终，处处可以看到城的影子，在各展示空间中都将"城"作为重要环境氛围元素加以显现，实的"城"与虚的"城"交替出现，不断揭示和隐喻展览主题。展厅艺术设计与建筑设计相协调而形成整体传播效应，最终实现城垣遗址、建筑外观、陈列展览的有机统一（图 3-8）。

郑 州 商 城 城 墙

郑州商代都城遗址 博物院

图3-7 郑州商代都城遗址博物院与郑州商城城墙的位置关系（上）
图3-8 城垣遗址、建筑外观、陈列展览的有机统一（下）

图3-9 观众与遗址的古今对话

观众透过建筑公共大厅的玻璃幕墙可远眺近百米外的东南城垣遗址，走出博物馆即进入郑州商城国家考古遗址公园，近距离观览东南城垣遗址，实现将城垣遗址作为最后一个展品向观众呈现的目的，完成观众与遗址的千年对话（图3-9）。

1."城"的设计

既然将"读城"作为策展理念，那么如何在设计中体现"读城"？策展团队在设计上给出了自己的理解——将"城"作为展览形式设计中的标志性元素，巧妙融入展览之中，且设置出"虚""实"之分。

图3-10　展厅内最大的"实"的城的形象——郑州商城立体复原沙盘

　　在序厅形象墙上，"巍巍亳都　王都典范"主展标用镂空的洛阳铲形象做分隔，寓意郑州商城遗址是由考古发现的。八重不连贯的方形环绕着主展标，隐含了"城"的形象，同时也作为年轮的变体，与序厅中央顶部年轮造型相呼应，犹如历史的回声，传递着古老而悠久的商都文明，代表着以郑州商城遗址为中心的城市脉络。形象墙下用一排灯在地面照出文字——"这是一座由考古发现的千年王都　3600多年来城市中心从未迁移"，对形象墙的设计含义予以揭示。

　　第一展厅作为复原厅，里面有着400多平方米的郑州商城立体复原沙盘，是展厅内最大的"实"的"城"的形象（图3-10）。我们将25平方千米的早商都城浓缩进展厅，用此项设计向观众整体展示"城"的形象。沙盘西侧墙面设计一处遗址的平剖面图对照展示，艺术性地传达"城"及"城"内设施的地形地势。

图3-11 仿城墙造型的格栅

环绕步道隔出沙盘观看口的格栅，提取夯土城墙造型元素，模仿城墙形状设计建造，横向的紧密排布的层层格栅，与其中均匀夹杂的竖向分隔，不仅是美观与安全的要求，同时也暗含了"版筑法"的建造理念（图3-11）。

第二展厅入口处设计放置了郑州商城内城南城垣紫荆山路东侧剖面复原场景，使用3D打印技术一比一还原，让观众不出展厅即可最大程度地感受真实的城墙（图3-12）。第二展厅的内容展示重点为郑州商城遗址内的重要遗迹现象，有大量的复原场景，这些给观众留下的都是"实"的城的印象。

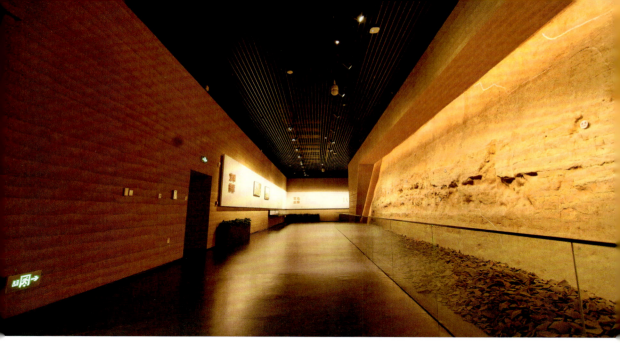

图3-12 郑州商城内城南城垣紫荆山路东侧剖面复原场景

　　为营造"城"的氛围，展厅内"实"的城与"虚"的城交互的信息十分密集。第二展厅所有的展墙都是采用特殊定制的材料，用版筑法一层一层夯打而成，造型上模仿城墙遗址（图3-13）。网纱和格栅做成的展厅隔断，模仿城墙造型和版筑法的意象，这可归属于"虚"的城（图3-14）。在郑州商城营建场景前顶部所使用的灯光，是提取了夯筑城墙时使用的集束木棍的造型（图3-15）。C8F15宫殿复原模型顶部设计成宫殿殿顶的形制，与下方的宫殿体相互呼应（图3-16）。

　　单元标题在设计上亦有巧思，用一根根的小圆木棍插在展板上，组合成标题字样，这也是受夯筑城墙所用集束木棍工具启发。单元标题被层层方形框住，与序厅主展标设计前后呼应，隐含"城"的形象（图3-17）。

　　第三展厅在内容上重点展示郑州商城遗址70余年考古发掘出土的重要文物，设计团队因此在展柜造型上做文章：展柜顶部模仿城墙造型，所用材质与形象与复原厅的格栅基本一致，设计上既有连续，也与各自展厅展示内容和整体设计风格保持和谐（图3-18）。

图3-13　第二展厅仿城墙设计展墙（上）

图3-14　"虚"的城——模仿城墙造型和版筑法意象的隔断（下）

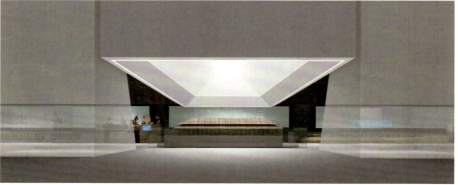

图3-15　集束木棍造型灯光设计（上）
图3-16　C8F15宫殿复原模型与其顶部设计（下）

图3-17　单元标题设计（上）

图3-18　城墙造型展柜顶部设计（下）

2. 形式设计中的场景复原

遗址博物馆最重要的展品是遗址本体。不同于在遗址之上加盖保护展示厅的展馆，郑州商城遗址由于其性质及保存状况的特殊性，无法选择此种最直观的展示方式。

策展团队在展品的甄选上，借助现代整体提取技术，挑选个别遗迹放入展厅，如夕阳楼祭祀遗迹点发掘的猪骨祭祀坑、白寨遗址的夯土城墙剖面（图3-19）。但其他能够体现郑州商城遗址王都气概、代表早商文化内涵的遗迹，或由于被现代建筑所叠压，或由于体积面积巨大等原因，无法一一在展厅中为观众呈现真容。在这种情况下，场景复原就成了更好的选择。它们既作为辅助展品，为诠释展览内容服务；又作为形式设计的一部分，以艺术性的美感再现遗址盛况。

郑州商城遗址位于郑州城市中心区，遗址全境与现代城市建设完全重叠，被现代道路和民居分割，整个遗址呈碎片化分布，一览全貌十分困难。因此在第一展厅，策展团队设计巨型复原沙盘，将25平方千米的早商都城浓缩进400多平方米的沙盘内，现存的片段化的遗址在这里得以整体呈现，让观众对郑州商城遗址的全貌拥有了整体性概念，弥补了实地参观的局限性（图3-20）。

第二展厅则以微缩场景复原的形式，对郑州商城内的布局进行了精细化展示。展厅内模拟还原了筑城、宫殿、铸铜、制陶、供排水系统、青铜器窖藏、祭祀等场景，让观众从复原厅的宏观体验进入局部的微观体验。

按照第二版内容大纲进行的形式设计，场景复原全部位于第一展厅内。利用建筑设计上为陈展需求预留的超大超高空间，在1120平方米面积、14米高的空间内，设计遗址复原的大型场景。将原有环廊作为观展平台，并承接平台修筑一条缓缓而下的观展步道，使观众能够深入场景之中，近距离观赏。在大型遗址复原区的上方设置半透纱幕，通过多媒体综合成像技术，展现商代王

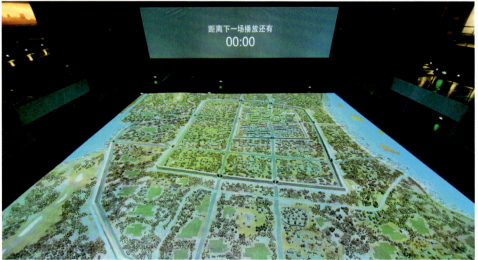

图3-19 白寨遗址的夯土城墙剖面（上）
图3-20 第一展厅郑州商城遗址立体复原沙盘（下）

都的前世今生。通过大型场景复原，介绍郑州商城的规制、布局、内涵，展示商都王城的雄伟姿态和恢宏气势，再现当年王都建造过程中的浩大场面；同时展现老郑县和新郑州的城市发展演变，为观众揭示郑州城市的传承发展和文明之魂。

环廊设计成生态长廊，展示郑州商城遗址当时的自然生态环境。当时设计的复原场景包含大型筑城场景，宫殿复原模型，由石板蓄水池、石板水道、水井组成的水利工程系统，铭功路西制陶作坊复原场景，白家庄三号墓发掘场景，祭祀遗迹复原，铜器窖藏坑复原，等等。

在内容大纲由第二版到第三版不断修订完善的过程中，形式设计也相应做出了变化。第一展厅的展示内容发生彻底变更，只有环廊上原有的郑州商城遗址一处剖面保留了下来，继续展示这条横剖线上分布的重要遗迹、遗物之间的关系。展览的第一单元从第二展厅才正式开始，大大压缩了场景复原的设计展示空间。策展团队在场景复原的原有选择和设计中优中选优，平衡展览内容与形式设计，选择了既能最大化展示遗址文化内涵，又能达到最佳展示效果的重点遗迹，在内容上予以保留，形式设计上进行一定变化，使其适应第二展厅的结构与布局。于是有了如今呈现出的展览第三单元——巍巍商都，依次呈现内城南城垣紫荆山路东侧城墙剖面复原、版筑法筑城工艺场景复原、C8F15宫殿复原模型、郑州商城王都营建场景、制陶场景复原、铸铜场景复原、输水管道与蓄水池复原、人骨祭祀坑复原、向阳回族食品厂窖藏坑复原。

3. 艺术装饰辅助展示

博物馆的建筑空间高度充足，展厅层高有5米，在基础装修、设施设备安装之后高度仍有4.5米，这给形式设计的发挥提供了充足的高度。

序厅圆形无柱，我们设计了环形展墙，十分适合用来表现叙事性的宏大历史。

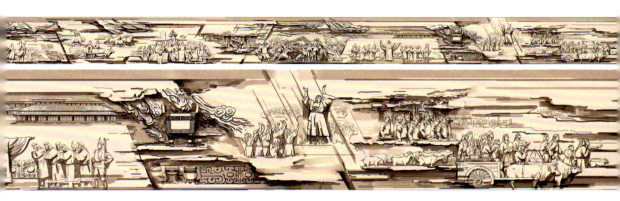

图3-21 序厅环形浮雕设计

在弧形展墙上，设计了叙述商族历史的大型文化艺术浮雕，生动再现策展团队精选
的玄鸟生商、王亥服牛、景亳之会、鸣条之战、商汤立国、桑林祈雨、仲丁迁隞这
七个有代表性的商族历史故事，实现对商族历史的艺术解读，以典说城（图3-21）。

第一展厅（复原厅）的郑州商城遗址数字沙盘占地400余平方米，由地面立
体沙盘模型、吊幕投影和地幕投影三部分组成。地面沙盘等比缩小，模拟真实地形，
高低起伏，城墙、房屋、树木、湖泊分布其间，生动再现郑州商城的城市布局和环
境面貌。同时沙盘采取了模块化搭建，因此具有了可修改性，可以持续跟踪考古新
成果并进行更新，地幕投影数字内容方便修改替换，与考古研究保持同步。环廊步
道西墙面上堆塑出郑州商城遗址剖面图，外郭城墙、城壕、内城墙、城内房屋建筑、
宫城墙、宫殿建筑、城内供排水系统、城外湖泊结构清晰明了（图3-22）。

在第二展厅入口处，内城南城垣紫荆山路东侧剖面复原采用3D打印技术，采
集数据后建模，用轻型材料打印，表面再微调颜色装饰，效果十分逼真。剖面前堆

图3-22　郑州商城遗址剖面（上）
图3-23　采用3D打印技术复原的城墙剖面（下）

图3-24　夯土块文物展示设计

积了大量陶器碎片，共同构成复原场景，厚厚的堆积无声诠释着郑州商城曾经的文明与辉煌（图3-23）。

　　我们提取了内城垣上的夯土块文物标本，经科学处理后，进行展示。策展团队为夯土标本设计了一系列辅助展品，夯土标本展台是模拟复原了一段城墙，顶部夯窝清晰可见，黑色金属展架承托夯土标本，展架形状均根据夯土标本形状进行随形定制（图3-24）。我们在一侧设计了版筑法筑城工艺复原场景。场景设计师以一张流传很广的版筑法工艺图为蓝本做了场景设计，策展团队及时发现其中的问题，根据考古发掘和研究结果，结合内城垣发掘的照片，以及研究文章中的文字描述，与设计师反复沟通，一点点纠正原有错误，最终呈现出目前最贴合郑州商城遗址城墙版筑法工艺的复原效果，配合动画演示，共同辅助夯土标本的展示，让观众能较好地理解分段分层版筑的工艺流程（图3-25）。

C8F15宫殿复原模型，根据考古报告平面图，参考偃师商城、武汉盘龙城、安阳殷墟复原的宫殿建筑模型做了复原想象。宫殿的墙体抹泥后上色，外檐柱的木棍挨个做单独加工处理，减弱机制痕迹，模仿天然木柱的形制。宫殿顶部用近似茅草的材质，一根根地固定覆盖在梁架结构之上。这座彰显着商王无上权威的宫殿建筑模型工艺精湛、规划科学，透射出宫殿曾经的雄伟、恢宏和尊贵，凝聚着商代先民的勤劳和智慧（图3-26）。

郑州商城遗址营建场景运用多种艺术手段，再现王都营建的壮观场面：近处备料、加工，人拉肩扛、牛车繁忙穿梭；中部城墙修筑热火朝天，工匠与民夫各司其事，商王带领小队士兵亲自登临城墙顶部巡视；远处集体劳动修筑宫殿及城内其他设施，人物群像塑造丰富，姿态神情各异（图3-27、图3-28）。

营建场景两侧分别为制陶场景和铸铜场景复原。制陶场景再现了练泥、塑形、印纹、烧制几个重要步骤（图3-29），铸铜场景选取了练泥、制模、制范、合范、浇注、去范、修整几个重要场景，场景设置井然有序，人物忙而不乱（图3-30）。

石板蓄水池、石砌水道的复原场景，为观众最大限度地还原了商代早期较为完整的供水系统。石砌水道按照1∶1的比例制作复原（图3-31），石板蓄水池也是按遗迹原尺寸复原其中的一角，以水纹灯模拟池中波光粼粼的景象。在展厅空间允许的情况下，1∶1复原显然能带给观众更为震撼的直观感受。

人骨祭祀坑原状提取于内城西南角夕阳楼祭祀遗迹点，因不便在展厅中展出，采取了3D打印技术来复原展示。

对于郑州商城遗址三处重要的青铜器窖藏坑，策展团队选择了考古发掘出土时资料保留较为丰富、出土器物也最为丰富的向阳回族食品厂窖藏坑来复原展示，按1∶0.8的比例制作，尽最大努力为观众呈现最佳的展示效果。

图3-25　版筑法筑城工艺复原场景（上）
图3-26　C8F15宫殿复原模型（下）

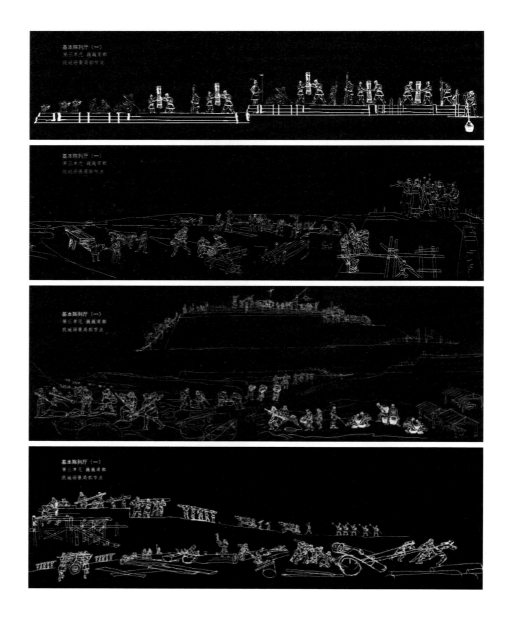

图3-27　郑州商城遗址营建场景设计稿

图3-28　郑州商城遗址营建场景

图3-29　制陶场景复原

图3-30　铸铜场景复原（上）

图3-31　石砌水道场景复原（下）

4. 平面设计

　　展厅展板设计简洁明快，展示内容突出，用色契合各展厅整体设计氛围和展板内容。第一展厅用浅灰色，色调高级，烘托氛围，凸显沙盘主体展示地位。第二展厅用浅灰绿色，与夯土城墙展墙相称，古朴高雅。第三展厅提取青铜色为底色，提高色彩明度，用色大胆明快。第三展厅为郑州商城遗址及王畿四域内出土器物的集中展示区域，内容密集，信息量大，所以采用明亮的绿色，冲淡器物集中展示带来的厚重感和压迫感。第四展厅展墙设计提取文物上的朱砂色，用赭红色配合浅灰色展板，典雅中又带有华贵之感；唐宋风物部分，通柜内背板选用明黄色，配合深灰色展台，尊贵端庄。守望保护部分讲述郑州商城遗址发现、发掘和研究的历程，展板设计成折页样式，犹如展开的历史长卷，与展示内容相合。

　　说明牌设计简约明了，各展厅均选择与展台相近的颜色，突出展品主体，设计上不喧宾夺主。

　　面向观众发放的宣传册页做了两版设计，四折页版的封面采用了纯白底色，选用序厅形象墙洛阳铲造型装饰，内页选用第三展厅展板主色调的绿色，内容排版清晰明了，重点突出。两折页版的封底与内页均选用了绿色，封面装饰了夯层底纹与金色方鼎，隐喻杜岭方鼎破土而出（图3-32）。

　　请柬的设计也别出心裁：提取杜岭一号方鼎上的兽面纹作为封面，镂空效果透出金色"商都"二字，白色为主体，用色干净典雅，绿色内页从兽面纹镂空中透衬出来，韵味雅致（图3-33）。

　　为增加展览与观众互动体验，策展团队还设计了印章与盖章纪念册。印章一套共五枚，分别对应序厅及四个展厅，提取各个展厅中的代表性元素设计制作。序厅为形象墙的洛阳铲，第一展厅为郑州商城遗址平面图，第二展厅为宫殿模型，第三展厅为杜岭一号方鼎，第四展厅为亳字陶文。盖章纪念册封面沿用序

图3-32　宣传册页设计（上）
图3-33　请柬设计（下）

图3-34　盖章打卡页设计及实际效果

厅形象墙的设计，洛阳铲镂空，为开合处，向两侧翻开。内页设计成寻宝图样式，在泛黄发旧的纸卷上，绘制了展厅地图，各展厅按实际位置绘制，用虚线加箭头标示出展线，展厅内还绘制了各自的代表展品，旁边设计有盖章打卡的位置。这不仅是一份盖章纪念册，同时也是一份详细的观展地图（图3-34）。

（二）与展览风貌协调的公共空间设计

郑州商代都城遗址博物院公共空间的设计充分考虑到遗址博物馆的特性和需求，遵循整体性原则，建筑外观设计凸显"城"的元素，馆内公共空间设计也紧扣商城遗址文化主题，简约大气，既符合博物馆公共空间功能需求，又兼顾烘托展示氛围的作用。尤其是从二楼长廊延伸至一楼南大厅的坡道长廊，作为公共通道，满足大量人群上下楼层的需求。坡道一侧设计为玻璃幕墙，让观众在行走中欣赏馆外的城墙遗址与公园风景，实现遗址本体的展示。

郑州商代都城遗址博物院公共空间十分宽敞，充分利用自然光线采光，给公共空间的艺术装饰设计预留了充足的条件。策展团队在进行形式设计时，基于展览的整体性原则，对公共空间也进行了精心设计，将其作为展览的延续来打造，使其成为烘托展览氛围的"最佳拍档"，与整个建筑、展厅内设计形成有机联系和统一。

在需求明确的基础上，策展团队对公共空间的艺术设计提出了总体设计要求。公共空间艺术设计的主题要以商文明为核心，能够反映商文化的艺术特征，满足观众的审美需求；同时，艺术设计还要与展览的形式设计、博物院整体的建筑形式和内部的装修风格相协调，并且也能够为现代人审美观念所理解接受。我们针对以下几个方面提出了具体的想法和要求。

1. 不同区域的设计思路

（1）一层公众门厅南墙壁画

以商代文化为表现主题，以殷商子孙祭祀礼赞商汤王和商始都亳的赫赫战功为表现内容，描绘《诗经·商颂·殷武》中富有诗意的画面，风格参考商代各种纹饰和服饰风格，采用写意性、富于旋律感的构图与线条。河水、城、青铜、祭祀的元素等均可取材。壁画材料与工艺不拘一格。

（2）一层公共门厅中央雕塑

可采用青铜文化或商代开国之君商汤形像作为立体雕塑，根据空间属性也可运用艺术装置品等手法，在材质、形式、结构上大胆创新。

（3）一层公共大厅艺术品

在大厅北墙立面设计大型雕塑、壁画或中央公共区域设计商文化相关的艺术品，以郑州商城的筑城、宫殿、祭祀等商文化为主题展示内容，材料形式不限。要求文化内涵、色彩等与大厅4D影院外围青铜色装饰材料和大厅环境相协调匹配。

（4）一层公共休息区壁画

在不影响建筑内部装饰风格的前提下，适当利用这一墙面区域位置，以郑州商城的战争、祭祀、手工业、贸易等商文化为主题展示内容，设计符合郑州商城气质、郑州商城文化相关的壁画艺术品，壁画形式、材料不限。

（5）一层展区公共通道艺术品

临展厅外公共通道一侧运用壁龛的形式展示郑州商城出土的重要文物的工艺复制品等艺术品。

根据策展团队提出的具体要求，公共空间艺术设计团队进行了精心的方案设计。公共空间艺术设计创作团队主要由天津美术学院的几位教授带领，他们在雕塑、壁画与历史画方面有很高的造诣与成就，为博物院的公共空间艺术设计提供了极大保障。

2. 多种艺术形式构成的艺术装饰群

公共空间艺术设计方案经专家论证，策展团队讨论，反复修改调整，最终形成了由雕塑、浮雕、景观小品等多种形式构成的艺术装饰群。

（1）商汤王像

商汤王像位于一层公众门厅区域，正对博物院正门，为青铜精密铸造，总高4.7米，方形底座高0.5米。商汤王像为立像，头戴冠，左手持钺，右臂前伸。《诗经·商颂·长发》篇记载"武王载旆，有虔秉钺"，《史记·殷本纪》中也有"汤自把钺以伐昆吾，遂伐桀"的记载，所以在主题雕塑创作中以商王成汤手持大钺、俯视天下为形式构图，运用具象与写意相结合的夸张手法，着重表现商王成汤建都立业的宏伟形象，突出庄重大气、气宇轩昂的帝王气场——"昔有成汤，自彼氐羌，莫敢不来享，莫敢不来王"。

商汤王像的发冠参考殷墟妇好墓出土的玉人冠饰，钺参考新郑望京楼出土的兽面纹铜钺及殷墟妇好墓出土的铜钺，加以复原想象。而服饰因为没有太确切的证据，所以采取了意象化的表达，曾设计了披风来增强人物气势，最终因没有确切的依据而舍弃，仅用翻飞的大袖凸显帝王气质，衣领、腰部、蔽膝线条隐约可见。虽然雕塑以青铜铸造而成，但整体保留了原始雕塑的泥味，强调动势。采用传统的人物塑造语言，在把握整体人物造型、形象的基础之上，强调服饰线条的流畅与夸张。人物充满"气"的写实具象手法，展现出商汤威武、大气、器宇轩昂的帝王之相（图3-35、图3-36）。

（2）《商颂》

《商颂》浮雕位于博物院一层公众门厅南立面，正对博物院正门，在商汤王像身后，高6.5米，宽17米，为紫铜锻造的仿青铜材质。商汤灭夏后，建立了中国历史上的第二个王朝国家——商，定都亳，天下诸侯前来朝会，表示臣服，亳都成为商王朝前期的政治、军事和文化中心。《商颂》浮雕展示了商王朝重要的政治社会生活，如桑林祈雨、远途贸易、营建亳都、万国来享、乐舞祭祀、军事征伐等。

图3-35　商汤王像80cm泥塑小稿（上）
图3-36　商汤王像创作草图（下）

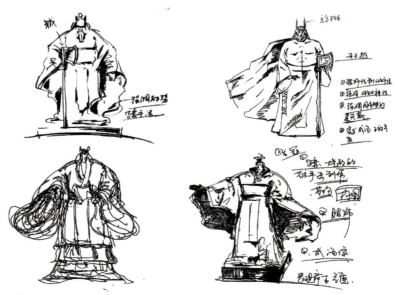

　　浮雕画面以《诗经·商颂》中的五个篇章和建都筑城为内容，从商代礼乐、商王朝神话和历史文化等角度出发，集中反映了商人重祭祀、拜祖先、敬天常、喜乐舞、尚战争、建都城的礼乐文化。青铜器在发展过程中，器形和纹饰也被赋予了特殊的美学意义。由此，浮雕特采用兽面纹饰（参考郑州张寨南街出土的兽面纹方鼎），运用高低浮雕相结合的艺术形式，既保留了画面绘画性线条和多视点切入的平面性构图，又能体现出庄重、沉稳、严肃、浑厚的艺术效果和恢宏的气势。《商颂》浮雕在兽面纹主体外原本设计有外框，框内以商代典型的回字纹为底纹。在设计和实施的过程中，策展团队就浮雕的设计方案，反复纠结是否保留回字底纹和外框：一方面觉得如果不要底纹和外框，整体画面更简洁，主体突出；另一方面又考虑到实际实施后的效果，担心没有外框会使浮雕整体在空间内不突出，削弱其在整面墙体上的居中性。几经讨论，最终还是决定舍弃底纹和外框，大胆留白，突出主体设计，这也更符合整体设计中简约大气的风格（图3-37、图3-38）。

　　商汤王像和其后的《商颂》浮雕虽为两个作品，但在设计上是有相互呼应关系的。从正面一定位置看过去，仿佛商汤王从他身后这个巨幅雕塑背景中缓缓走出来一样（图3-39）。

　　一层公众门厅西侧墙面原设计有《鼎盛亳都》浮雕，运用剪影线构的雕塑手法和几何形体的构成形式，将商代具有代表性的青铜器有序地架构到杜岭方鼎的周围，形成一处青铜器展示空间，体现商代青铜文化的繁荣。策展团队几经研讨，认为这项装饰未能达到最佳设计效果，且与南立面浮雕题材重复，使公众门厅从视觉上看过于繁复，削弱了商汤王像与《商颂》浮雕的主体地位，因此最终未能呈现。为此，策展团队还曾提出另一种设计——将建筑外观的城墙设计向内继续延伸，引入室内，营造门厅西侧墙面与门外西侧墙面一体的效果。这样的设计虽有可取之处，但会造成门厅内部空间的割裂感，最终我们放弃了这个方案。

　　现在一层公众门厅西侧墙面为国家一级美术师封曙光先生为郑州商代都城遗址博物院倾力创作的巨幅国画《山河祖国迎朝晖》，该画由李伯谦先生题跋（图3-40）。

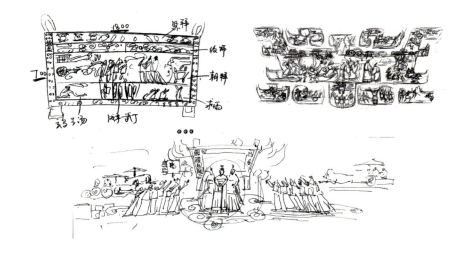

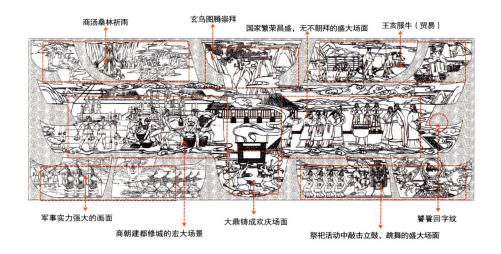

图3-37　《商颂》创作草图（上）
图3-38　《商颂》设计脉络构成（下）

图3-39　《商颂》设计效果图（上）
图3-40　《山河祖国迎朝晖》创作现场（下）

国画以嵩山、黄河、郑州为创作母题，"古之王者择天下之中而立国"，郑州地处
中原腹地，在嵩山、黄河一山一水的环抱之中，中国早期文明在这里孕育、诞生、
成长、发展。一山一水决定了郑州历史文化的地位、格局与主题——"天地之中、
黄河之魂、华夏之根、文明之源"。画高 3.92 米，宽 14.8 米。画中群山巍峨，山
水环绕，远处旭日东升，气势磅礴。

（3）《文明回响》

《文明回响》位于一层临展厅外公共通道南侧，采用壁龛的形式，展示仿制的艺术品。壁龛高 1.8 米，宽 1.1 米，艺术仿制品高 0.6 米，为青铜精密铸造而成。我们选取郑州商城遗址出土的六件具有代表性的文物——张寨南街窖藏坑杜岭一号方鼎、向阳回族食品厂窖藏坑兽面纹铜圆鼎、牛首尊、羊首罍、兽面纹提梁卣、南顺城街窖藏坑兽面纹斝进行仿制，烘托空间历史与艺术氛围。

（4）《盛世之源》

《盛世之源》雕塑位于一层公共休息区西侧墙面，面对着一层和二层之间的坡道。本雕塑高 6 米，宽 21 米。观众在二层通道及一层和二层之间的坡道行走时，观赏效果极佳。

商人主要活动于黄河中下游地区。商文化遍及黄河两岸，是中原地区黄河文化的延续和传承，是中华文明的重要组成部分。该雕塑以中间留白意向化地表现黄河，展现商代社会的民生百态，农业、畜牧业、制陶和铸铜手工业、居住生活场景等，表现出当时繁荣的社会景象。《尚书·盘庚》篇载："盘庚五迁，将治亳殷。"迁徙的范围经考证集中在黄河中下游地区。黄河流域的自然环境，像大地母亲般孕育了黄河文化，而商文化就是其中的重要组成部分。此处设计运用镂空雕刻的艺术表现形式和装饰性的塑造手法，以商王朝在黄河流域迁徙中农业的发展、手工业的兴盛、畜牧业的发展、金属冶炼的腾飞为主要表现内容，在突出表现商王朝的经济和文化的同时，从多个方面增加画面的可读性和故事性。浮雕设计采用平面装饰与透视的创作手法，将黄河与嵩山结合呈现。黄河没有刻意去刻画，而是利用山、云、烟、农业、手工业等内容的剪影将它体现出来，打破传统浮雕的视觉效果，带来全新的观望方式（图 3-41、图 3-42、图 3-43）。

（5）《青铜岁月》

《青铜岁月》位于一层公共休息区东侧，浮雕《盛世之源》对面。商代是中国灿烂青铜文明发展的鼎盛时期。中国青铜文化以其独特铸造工艺闻名于世。

图3-41　《盛世之源》创作草图

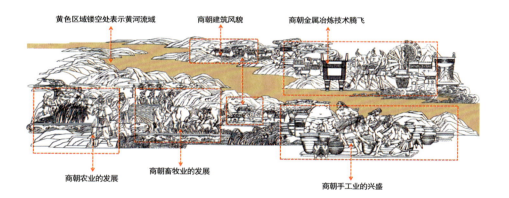

黄色区域镂空处表示黄河流域　　商朝建筑风貌　　商朝金属冶炼技术腾飞

商朝农业的发展　　商朝畜牧业的发展　　商朝手工业的兴盛

图3-42　《盛世之源》设计效果图（上）
图3-43　《盛世之源》设计脉络（下）

《青铜岁月》塑像展示的是模范法铸造青铜器，铜鼎铸成破土而出的时刻，展现金、土和火的艺术结合，是中国古代工匠智慧的结晶（图3-44、图3-45）。

（6）《玄鸟生商》

《玄鸟生商》位于一层公共大厅区域，观众从公共休息区拾级而上，首先映入眼帘的即是此处的雕塑小品。该作品高3米，宽8米，由青铜精密铸造。《玄鸟生商》表现的是商族起源的神话故事，是商部族和商王朝国家名称的由来。《玄鸟生商》是雕塑小品与艺术装置的结合，作品中简狄与二人结伴行浴，手托玄鸟卵而立，群鸟造型悬挂在空中，利用动态平衡雕塑的设计，群鸟于空中回旋不止，在透过建筑外立面玻璃幕墙射入的自然光中，仿佛有了生命一般，盘旋守护着绵延至今的数千年商文明，守护着这片大地，以及为守护华夏文明、传承民族文化而做出贡献的每一个人（图3-46、图3-47）。

（7）《王亥服牛》

《王亥服牛》位于公共大厅最南侧，与《玄鸟生商》分列4D影院正门两侧。王亥服牛，引重致远，商族兴起。雕塑展现的是王亥带领族人远途贸易中的一幕。王亥右臂直指向前，气势十足，身侧牛车上满载各类陶器，车后族人相随。牛体型健壮，穿有鼻环，半回首望向王亥，似要响应他的指挥（图3-48、图3-49）。

策展团队的所有努力与付出，目的不仅仅是设计一个博物馆，更是创造一个有温度的历史文化空间。我们希望所有来到郑州商代都城遗址博物院的人，都能够走进历史、探索文明。我们希望能够全方位调动观众的感官、经验、情感，与3600多年前的早商文明靠近、沟通、融合，让遗址"活"起来，让历史"活"起来，让文化"活"起来，让观众拨开3600多年的历史迷雾，在脑海中勾勒出鼎盛亳都的盛世气象。

图3-44　《青铜岁月》创作小稿（上）
图3-45　《青铜岁月》创作草图（下）

图3-46 《玄鸟生商》创作小稿（上）
图3-47 《玄鸟生商》创作草图（下）

图3-48　《王亥服牛》创作小稿（上）

图3-49　《王亥服牛》创作草图（下）

五、展览的数字化呈现

随着数字技术的不断发展和成熟，各种数字手段不断应用于博物馆的陈列展览之中，且有逐年扩大的趋势。不少新建场馆开辟了纯数字化展厅，打造各类沉浸式体验。在各类展览中，不论是基本陈列还是临时展览，都十分注重数字化的呈现，且不再局限于线上数字展览，而是转向多种数字化技术的综合运用，形成展览的数字化体系。

数字化体系在陈列展览中的运用，使展览的呈现效果得到极大提升，观众得到更佳的观展体验。"巍巍亳都　王都典范——郑州商代都城文明展"也充分利用现代化数字手段，结合数字投影、立体数字沙盘、多媒体视频、动画演示、4D影院、虚拟现实（VR）等技术进行同步的数字化建设，多维度构建数字化体系，对郑州商城遗址进行全新的诠释和更直观的呈现。

对于数字化展项，一方面，策展团队紧随数字化发展的大趋势，注重数字化在展览中的应用。作为考古遗址博物馆，通俗化解读与展示存在一定难度，数字化的应用有助于将深奥难懂的考古语言转化为大众语言，增强展示效果，提高观众观展体验。另一方面，策展团队严把关，避免数字化的"滥用"，把准其作为辅助展项的定位，始终坚持数字化展项是为展览整体而服务的，是重要的辅助展品的理念。

以此为基础，策展团队对展览数字化展项的设计，大致可以分为以下四类。

（一）以数字化手段解读展览内容

1. 第一展厅（复原厅）——郑州商城遗址三维立体数字大沙盘

第一展厅（复原厅）结构较为特殊，在第一版陈列大纲策划之时，内容上设计了郑州商城遗址重要遗迹的复原展示，对建筑空间提出了相应要求，于是有了这处挑高近14米、面积达1120平方米的无柱网结构的展厅空间，给了内容设计及形式设计极大的发挥空间。第二版大纲在内容设计时对此展厅沿用了第一版大纲的内容设想，并进行了内容丰富和优化。第三版大纲最初也是按照此思路进行调整的。

策展团队在反复打磨内容设计和形式设计的过程中，始终觉得现有展览设计缺乏让观众眼前一亮的感觉。后来，有专家建议，将展览的具体内容后延，在复原厅这处特殊展厅设计制作一座郑州商城遗址立体数字大沙盘非常合适。此建议令策展团队醍醐灌顶。郑州商城遗址目前所能呈现在世人面前的，尚是一座碎片化的城，展览中也是将遗址70余年来考古发掘及研究的成果予以展示，实际展览效果是将郑州商城遗址做了"拆解"，所缺少的就是让观众能够直观感受到郑州商城遗址全貌、体会到遗址深厚文化内涵与价值的展示内容。一座数百平方米的郑州商城遗址立体大沙盘，不仅能完美解决这一问题，而且如此大体量的遗址沙盘，国内也不多见，专家的这项建议让策展团队热血沸腾，激动不已。

但现实很快给策展团队泼了一盆冷水。由于郑州商城遗址位置的特殊性，目前考古发掘成果能体现在沙盘上的内容有限，如此大面积的沙盘，仅靠考古发掘能确定的遗迹点难以支撑，在绘出的沙盘设计草图上仅标注零星的几个遗迹点，显得空空荡荡。虽然草图效果不尽如人意，策展团队仍不愿放弃，在请教大量郑州商城研究专家、充分运用研究成果后，最终确定郑州商城遗址三维立体数字大沙盘的性质是在考古发掘的基础上，大量运用研究成果，进行复原想象的沙盘，且将来会依据最新发掘成果，不断进行更新和补充，实现沙盘的动态化。

确定沙盘本体内容后，沙盘的数字内容也进行了设计制作，分为吊幕数字投影和地幕数字投影两部分。沙盘上方吊幕投影内容为郑州商城遗址文化内涵解读三维动画视频。地幕投影是直接用 24 台投影机同步投影设计的数字内容在下方的沙盘上，与吊幕投影同步播放，让静态的沙盘动起来。视频未播放期间，投影机渲染灯光效果打在下方沙盘之上，赋予单色的沙盘更加立体、多彩、逼真的效果。

三维动画结合大型实体沙盘及投影，展示出郑州商城的整体城市布局和功能分区，再现宏大筑城场景，用生动的方式去解读商都，演绎郑州商城 3600 多年城址从未迁移，古今同地、人脉不息、文脉不断的历史画卷。

"北纬三十到三十五度的大河流域，诞生了世界四大原生态文明，它们是尼罗河流域的古埃及文明，两河流域的美索不达米亚文明，印度河流域的哈拉帕文明，以黄河流域为中心的夏商文明。郑州商代都城作为商王朝前期的统治中心，是商文明的集中体现，见证了中国古代早期国家的形成与发展。泱泱商都，华夏文明之城，一睹 3600 多年前的历史辉煌。"利用数字沙盘来解读郑州商城遗址同样也遵循了展览所采用的由整体到局部的思路设定，沙盘数字投影从早期大河文明说起，再投射到全球，再回到中国，引出郑州商城遗址的辉煌历史。

紧接着，镜头聚焦郑州地区，简要叙述郑州所处的地理位置与自然环境，为郑州商城的选址与发展奠定了自然和人文基础。镜头高度再次下降，来到了郑州商城遗址，总述了遗址的整体情况，让观众了解到，郑州商城遗址总面积达 25 平方千米，有多重城垣结构，包括宫殿区、内城及外郭城，是一座经过缜密规划，布局完整、建筑宏伟、规制有序和社会功能完善的大型都邑。然后就是对郑州商城遗址形制规划的分步介绍，从外郭城墙和城壕到东部湖沼区，都城的路网连接交通，宫殿区、内城垣与城壕围合成的近似长方形的内城区等。之后是更加细致的城市规划功能区的介绍："内城主要分布有占地面积近 38 万平方米的夯土宫殿建筑。内城与外郭城之间是平民居住区和手工业作坊。南北分别各有一处铸铜作坊，制骨作坊位于城北，与紫荆山北铸铜作坊紧邻，制陶作坊位于都城西部，墓葬和祭祀遗存在内外城中皆有分布，已知的三座铜器窖藏坑位于内外城垣之间。"对郑州商城遗址城市规划功能区的介绍是吊幕视频的核心内容，总述之后依次是较为详细的描述：内城垣的长度，建造技术和浩大规模，以由廊庑、主殿组成的"四合院"为主的宫殿建筑类型，宫殿区配备的相对完善的输排水设施及推测的引水和排水情况，内外城之间集中的铸铜作坊、制骨作坊和制陶作坊情况，祭祀遗存和墓葬情况，等等。

在视频的结尾，从郑州商城遗址开始，依次呈现了北魏洛阳城、唐长安城、北宋东京城、明清北京城这几座中国历史上重要的都城遗址平面图，阐释这座3600 多年前的古老城市，确立了内城外郭的多重城垣制度以及严格的等级区划，奠定了中国城市规制的千年根脉。沙盘投影的最后画面，定格于郑州现代城市街道网格布局，与 3600 多年前的郑州商城互相印证对比，用最直观的证据呈现历经 3600 多年风雨沧桑，城址始终未变，生生不息的不朽传奇（图 3-50）。

2. 第三展厅——四方汇聚数字多媒体视频

四方汇聚数字多媒体视频位于第三展厅，同时也是第四单元的第一部分。作为商王朝的大都邑，商城吸引和汇聚了来自四面八方的人来此居住和生活。郑州商城考古发掘表明，都城营建之初，除本地的二里头文化面貌外，还包括来自北方、东方、南方的外来文化因素。这些多元的考古学文化面貌正是不同外来人群汇聚在此的反映。伴随都城的繁荣及各族群间交流的不断加深，各种文化因素逐渐融合，形成了具有统一风格的典型二里岗早商文化。

在展览中，这部分是通过郑州商城出土的带有二里头文化本土因素、下七垣文化北方因素、岳石文化东方因素、盘龙城等印纹硬陶文化传统南方因素的器物来展示的，以此来揭示郑州商城在当时吸引和汇聚来自四面八方的人群的现象。郑州商城遗址所对应的考古学上二里岗文化虽然是由本地文化发展起来的，但是在兴起和壮大的过程中，也不断吸收了来自四面八方的不同人群所带来的文化因素，这些在郑州商城出土器物中都能够体现出来。

　　但是这部分在展览展示中过于抽象，考古学中文化因素分析的方法，需要比对研究大量不同文化类型的典型器物，普通观众很难清晰地理解其中的逻辑关系，在展览中单纯通过零星器物的展示，是很难给观众讲解清楚的。在策展过程中，我们最终决定用数字多媒体视频的形式，来向观众讲述当时郑州商城汇聚四方人群的盛况。

　　在数字多媒体视频动画中，我们将对于观众来讲过于抽象的文化因素分析法具象化，用器物代表人群，标示在其考古学文化的核心分布地域，来展示这个考古学文化因素的来源，然后通过在地图上的移动，揭示这个考古学文化因素随着当地人群的流动，是如何汇聚到郑州商城，最终形成郑州二里岗早商文化如此辉煌的文化的，从而再现《诗经·商颂·殷武》中所展现的"昔有成汤，自彼氐羌，莫敢不来享，莫敢不来王，曰商是常"的大商王朝八方来朝的气象。

3. 第三展厅——祭祀与占卜数字动画演示

　　祭祀与占卜数字动画演示位于第三展厅，也是展览的第四单元"大邑商都"的一部分。商人笃信祖先和神灵崇拜，凡生老病死、祸福年岁、田猎农作、气候天象等，事无巨细，都要以甲骨进行占卜，预测吉凶。祭祀与占卜是商人精神信仰的重要内容。为了强化自身的统治权威，商王和贵族垄断了主持祭祀和占卜的特权。祭祀是通过将物品供奉给神祇，来建立与特定神灵沟通的系列仪式。商王和贵族主持的大规模祭祀仪式，除了以粮食、酒、动物等作为祭品之外，还伴随着残酷的杀人祭祀现象。郑州商城的占卜以龟甲、牛肩胛骨为主要原料。根据晚商甲骨的记载，占卜

图3-50　郑州商城遗址三维立体大沙盘数字投影

内容涉及社会生活的各个方面，并逐渐形成了一套具备礼制意义的系统规范。

"国之大事，在祀与戎。"祭祀与占卜在商代社会生活中是非常重要的，然而祭祀和占卜是归属于当时社会精神层面的东西，单纯依靠实物展品很难向观众解释商人的精神世界。祭祀和占卜数字动画演示同样是为了解决展示上的难题。在祭祀与占卜这一章节，我们用展板展示了郑州商城内几处重要的祭祀遗存，实物展示了卜骨和卜甲，但是也只能够让观众对商人的祭祀和占卜有一个模糊的印象。为什么有这么多的祭祀遗迹？它们都代表着什么？为什么要用甲骨占卜？怎样进行占卜？这些很难用文字、图片和实物向观众传达。祭祀与占卜本身偏精神层面，关于这方面的研究，专家学者也是众说纷纭。所以策展团队采取了专家解说与动画演示相结合的方式来设计制作此处的数字化展示内容。由两位专家来讲述自己对商代祭祀与占卜的认识，具体去分析当时祭祀所留下的，通过考古发掘发现的一些祭祀的遗迹。同时，通过动画演示的方式去想象和还原当时祭祀的场景，以便观众更好地理解，并且得到相对具象的印象（图3-51）。

关于占卜，我们用视频演示加专家解说，详细介绍了制作卜甲卜骨和占卜的整套流程。在展览中呈现在观众面前的通常是占卜结束后的成品，策展团队为了向观众传播卜骨的制作及占卜过程，特意制作了一套辅助展品，用一模一样的6块肩胛骨，按照占卜的流程一字排开，依次展示加工备料、标记（贞人对即将钻凿处做出标记）、钻凿烧灼（卜骨背面烧灼痕迹）、占卜书写（贞人根据纹路占卜吉凶，卜辞内容书写于甲骨上）、刻辞记录（书写内容再刻于甲骨上）、成品这6个流程后的状态。这套辅助展品有助于观众了解占卜的流程，但是它毕竟是静态的展示，配合此项祭祀和占卜数字动画演示的动态展示，效果更好，能够让观众对当时人们的精神世界有一定的了解和认识。

图3-51　祭祀与占卜数字动画演示

4. 第四展厅——郑州古八景数字展示

郑州古八景数字展示位于第四展厅，展览的第六单元。郑州古八景通常指的是郑州明清八景。古时人们对本地山川风物常有美誉，凝练出"八景""十景"等具有高度概括力的文雅之词，令人遐想不已，如北京的"盛京八景"、南京的"金陵八景"、杭州的"西湖十景"、西安的"长安八景"。但是历经千百年战乱、灾害，这些美好景致所剩无几，今人若想一睹昔日之盛况，大多只能在古画中寻觅了。关于"郑州八景"的文献记载，最早见于清乾隆十三年（1748）郑州知州张钺主修的《郑州志》。这本《郑州志》在卷首刻绘了《郑州八景图》，并配以张钺手书的七言绝句各一首，歌咏"古塔晴云""凤台荷香""圃田春草""梅峰远眺""汴河新柳""龙岗雪霁""海寺晨钟""卦台仙境"八景。民国五年（1916）编撰的《郑县志》，收录了光绪年间郑州学正朱炎昭关于"郑州八景"的七言律诗八首，此时已与张钺的"郑州八景"诗创作相距近 200 年，而诗题描述与张钺诗咏的"八景"完全相同，这说明在这一个半世纪里，郑州一直以凤凰台、龙岗、梅山、开元寺塔、八卦御风台、海滩寺、圃田、汴河作为"八景"。只是后来由于社会动荡、城市建设等诸多原因，有的已难觅其踪，有的尚有迹可循。

如今人们对于"郑州八景"的认识，仅在当年留下的一套绘画和寥寥描述之中。为重现这八处明清时期郑州最负盛名的自然人文胜景，咏赞郑州的人杰地灵，策展团队策划了郑州古八景数字展示。设计团队根据清代流传至今的八景图样，重新手绘小样，并加以填色，设色古朴新雅（图3-52）。在此基础上，郑州古八景数字展示以卷轴设计，横幅拉开，四幅画面渐次显现，左侧空白处题"郑州古八景"，并配印文，古韵十足。从左下角走来一男一女，指点画卷，倏然跃入画中。自此，画面由静态转为动态。画面拉近，只余"圃田春草""古塔晴云""卦台仙境""龙岗雪霁"四景。随着二人走动，画面颜色也从发黄的书卷色逐渐变为彩色，仿佛跃入画中的人物重新赋予了古老画卷生机。二人依次走过四景，也经历了春夏秋冬四季。为展示雪后初晴的美景，二人在走进

图3-52　郑州古八景手绘小样

"龙岗雪霁"时仍是大雪纷飞，接近画面边缘处，雪渐歇，至放晴。余下四景也是按照季节排列，但是为倒序："梅峰远眺""海寺晨钟""凤台荷香""汴台新柳"。冬雪、鸣虫、荷香、新柳四个意象分别代表了冬、秋、夏、春，由春入画，由春出景，四季轮回，时光飞转。画面拉远，又回到卷轴，缓缓合上。

    动态山水风景画的多媒体展示手段，再现郑州古八景，重现昔日郑州的秀丽风光、人文胜景，反映出这座古城的文化底蕴和辉煌文明。

（二）辅助展览，增强展示效果

1. 第二展厅——郑州商城遗址筑城工艺数字视频

　　郑州商城遗址筑城工艺数字视频位于第二展厅，展览的第三单元。在版筑法筑城场景复原的旁边，通过三维动画与影视后期相结合的形式，展示都城建造过程的宏伟场景，彰显古代先民的智慧。视频开篇即展示了内城垣横剖面，

图3-53　郑州商城遗址筑城工艺数字视频

用翔实的数据和图像复原内城垣面貌，继而引出筑城工艺是用版筑法分层分段夯筑而成。接着分步骤详解是如何运用版筑法分层、分段夯筑的，着重表现版筑法、集束夯筑法，向观众展示郑州商城遗址内城垣至今犹存的雄伟规模，艺术地再现当年工程建造过程中的浩大场面。静态的筑城场景复原配合动态的数字视频解说，能让观众更直观地理解版筑法的概念，以及郑州商城遗址内城垣的建造工艺及过程（图3-53）。

2. 第二展厅——郑州商城遗址供排水系统数字视频

　　郑州商城遗址供排水系统数字视频同样位于第二展厅，展览的第三单元，是与考古发掘的输水管道及蓄水池复原场景配合展出的。通过已发现的石板蓄水池及输水管道，模拟工艺的演示动画，分步骤详解蓄水池是如何建造的：底部用白色掺有料礓的土分层铺垫之后，再用方形或长方形青灰色石板平铺，石壁也先经过层层平夯，然后用砾石垒砌，与之相连的输水管道建造工艺和蓄水池相似，也是以石板铺底，两侧壁面由石板和草拌泥垒砌。该视频展示了内城宫殿区完善的蓄水和排水设施。

　　此位置原设计了一处水井复原模型，后因展示效果不佳而取消，更换为石板蓄水池（部分）复原场景。水井是郑州商城内十分重要的供水设施，故而我们将水井的数字化阐释并入郑州商城遗址供排水系统数字视频中。水井是当时人们日常取用水的主要方式，数字视频通过三维动画演示考古发现的一处重要水井遗迹 J3 的建造工艺：先挖椭圆形的井坑至水位线以下，再制作底部井盘和框架，外围护贴一周细腻的青膏泥层，然后将青膏泥外部和井框内填土并夯实，井框内事先做好标记，沿标记挖开至井盘位置，铺垫碎陶片用于过滤地下水。其结构十分复杂，营造极其讲究。

　　视频结合场景复原，为观众模拟演示 3600 多年前的商代先民是如何运用智慧来破解城市供水和城市内涝问题的（图3-54）。

3. 第三展厅——《四方之极》数字沙盘

　　《四方之极》数字沙盘位于第三展厅，展览的第五单元。《诗经·商颂·殷武》中"商邑翼翼，四方之极"，描绘了商朝的都城雄伟齐整，是四方各国学习的榜样的盛况。商王朝以都城为中心，统治着东南西北的众多方国，形成"王畿""四土"，并波及"四至"的层级控制结构。这种从中心王都到地方城邑的严格

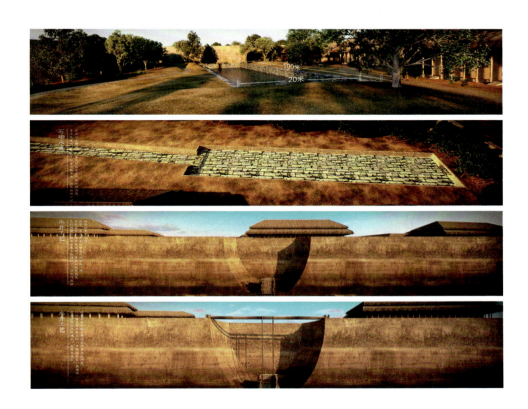

图3-54　郑州商城遗址供排水系统数字视频

的城市等级制度，使商王朝成为万邦共主。这一单元内容原与第四单元"大邑商都"基本并重，但因第一展厅调整为复原沙盘展示，所有单元内容在空间上后延，几经考量，策展团队决定在"四方之极"这一单元缩小展览面积，缩减这一单元前两部分"王畿腹地"和"四方之域"的展示内容，转而将这两部分内容以沙盘或者地图的形式整体展示，众星拱月，凸显郑州商城的地位和气势。最后敲定采用多媒体投影＋立体沙盘的形式，复刻第一展厅郑州商城三维立体数字大沙盘的形象化展示效果。

　　沙盘设计较为简约，仅用等高线的形式标示出重要的山形地势与黄河、长江两条重要河流。我们制作了数字投影，将需要展示的内容逐一呈现在沙盘之上。完成后的效果虽然基本可以满足这部分需要展示的内容，但策展团队仍不太满意，本着精雕细琢的思路，又为此处数字沙盘增加了一块墙壁投影，使其形式更接近于第一展厅的郑州商城三维立体数字大沙盘。在沙盘播放代表"王畿腹地"和"四方之域"的城址平面图时，墙幕同时播放考古发掘研究所展示出来的该城址的基本情况。

　　最终定稿的四方之极数字沙盘，墙幕开篇以中国地图切入，"商王朝以都城为中心，统治着东南西北的众多方国"，以郑州商城为中心，层层圆环相套，不断扩大，"王畿腹地"和"四方之域"的代表性城址在地图上依次出现，观众可明显判断出这些城址所处地理位置，以及与郑州商城位置的远近关系。镜头一转，开始讲述"王畿腹地"的相关内容，地图范围缩小至郑州周边，以郑州商城为中心，偃师商城、大师姑遗址、东赵遗址、望京楼遗址围绕分布在都城周围，如"众星拱月"般态势。接下来分述这几座城址的基本情况，从年代、地望、城址平面布局、面积、形制、城内重要发现等方面进行介绍（图3-55）。沙盘之上投出所处地理位置，线图勾勒城址平面图，墙幕以尽可能丰富的图片与影像资料介绍城址情况，让观众在短时间内对这些城址形成初步印象和记忆。然后开始"四方之域"城址的介绍，"分布于邻近资源，尤其铜矿产地或交通要道之上，与中心都邑紧密关联"是其重要特征。接下来的分述模式与"王畿腹地"基本一致，依次介绍盘龙城、东下冯商城、垣曲商城、府城商城，除城址本身基本情况外，特别点出盘龙城是商王朝经营南方并控制当地铜、锡资源的重要据点，府城商城位于太行山东麓南北向大道的必经之地。最后总结，这些城邑与中心都邑紧密关联，维系着商王朝统治的稳定，使商王朝成为万邦共主。

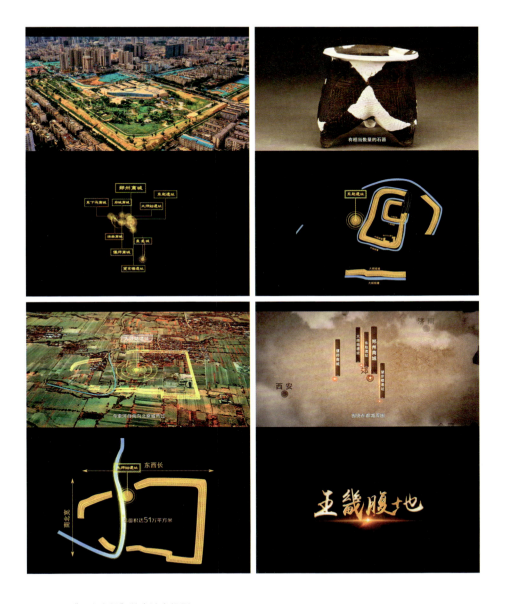

图3-55 《四方之极》数字沙盘投影

4. 第四展厅——专家学者访谈视频

专家学者访谈视频位于第四展厅，展览的第七单元。为体现几代考古工作者和文物保护工作者为守护郑州商城这份珍贵文化遗产所做的不懈努力，策展团队邀请了李伯谦、王巍、刘庆柱、刘海旺、杨育彬、李民、郑杰祥、李维明、宋国定、袁广阔、杨树刚、冯百毅、宋秀兰、王文华等多位郑州商城遗址发掘、研究、保护方面的专家进行讲述。通过他们的分享，向观众展示几代考古工作者和文物保护者不断的艰苦探索。取得的丰硕的学术成果，以及郑州商城遗址在郑州、在河南、在整个中华文明史上的重大意义。

（三）情感渲染与氛围烘托

1. 序厅——《古今同地》数字投影

在序厅环形空间的中央，展览以地面投影的形式，直观形象地展示郑州"古今同地"的"四维空间"属性。设计构想通过商王朝的建立（公元前 1600）、郑州之名产生（583）、郑州成为联通中国南北、东西的交通枢纽（1906）、河南省会迁往郑州（1954）、郑州建设国家中心城市（2016）几个重要节点，运用多媒体技术，展示商城古今地表的历史变迁，揭示郑州"古今同地，生生不息"的城市内涵。经过策展团队与多媒体团队多次沟通研讨，最终选定商代、战国、唐宋、明清、1954 年、当前等几个时间点的郑州城市地图来呈现。

投影开场配合鼓点音效，随着"咚——咚——咚咚——咚咚咚"的鼓点，由慢到快，由疏到密，郑州商城典型器物以线描图形式依次登场，最后"咚"的一声，投影画面定格，郑州商城的典型器物集体亮相。由于序厅投影设置的是间隔固定时间重复播放，投影是直接投在地面，而且为避免投影开始播放时灯光全熄导致正在参观中的观众产生恐慌，投影播放时四周环形雕塑处的灯光仍保持开启状态，这就在一定程度上牺牲了序厅中央地面投影的画面清晰度，观众有可能不能在第一时间发现投影播放的位置或者看清投影画面。而通过鼓点音效可以有效吸引观众注意，将序厅观众逐渐吸引到投影观看的最佳范围内。郑州商城出土典型器物在序厅地面上的跳跃式出现，也达到了与低年龄观众群体趣味互动的良好效果。更为重要的是，这段开场前奏，给了观众聚集观看的时间缓冲，而不至于漏掉关键信息。

　　前奏结束后，定格的器物画面倏然散去，正片开始。"这是一座由考古发现的千年王都，3600年来城市中心从未迁移"，一开始即点出投影主题。伴随着以埙为主的古朴悠扬的配乐，一条蓝色水系和隐隐约约的"中"字出现，郑州商城遗址内城外郭轮廓显现，定格。紧接着画面消失，战国时期的郑州城轮廓出现，观众可明显看出战国时期的郑州城正是沿用了早商时期的内城。唐宋时，郑州的城市范围进一步缩小至战国城的南半部，明清时期基本沿用。河南省会从开封迁往郑州的1954年，郑州的城市范围已得到了明显扩大，投影画面特意用红色方框来表示明清时期的老郑州，以示对比。至当前的郑州，四环的环状城市布局已定型，此时红色方框的位置可明显辨认出位于城市中心区。城市环状道路经过变形，最终形成年轮状，郑州商城的内城就位于年轮的正中心，隐喻郑州商城遗址是郑州城市的"根"与"魂"。围绕中心一圈圈形成的圆环则是郑州城市发展的不间断的历史。投影年轮与序厅顶部年轮装饰上下呼应，在此时完成了投影主题的升华。年轮淡去，"古今同地""文脉不断""人脉不息"三排大字出现，以简明、朗朗上口的四字短句，再次凝练主题，鲜明地揭示郑州城市内涵（图3-56）。

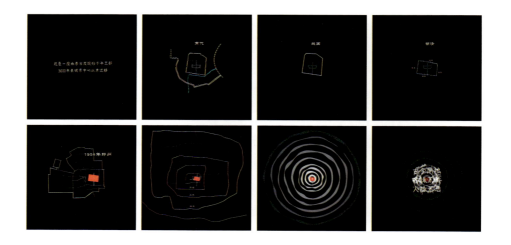

图3-56　《古今同地》数字投影

2. 第四展厅——《商都记忆》多媒体视频

　　《商都记忆》多媒体播放位于第四展厅，展览的第七单元。郑州商城遗址因其特殊地理位置，与郑州市民的生活紧密交织在一起。生活在"城墙根"的一代代人，对这里有着深厚记忆与浓郁情怀。在策展的过程中，策展团队一直想挖掘这群人的故事，讲述他们对郑州商城遗址的感情。我们几经走访联络，确定了讲述人和拍摄对象，于是有了《商都记忆》多媒体视频。它位于展览的结尾，是郑州商城遗址与郑州这座城市及所有生活在这里的人息息相关的感情升华。

　　郑州，是一座古老而又年轻的城市。3600多年的城墙已深深植入这个城市的记忆，而生于斯、长于斯，祖祖辈辈与商城城墙为伴的现代郑州人，更是留下了他们那一抹浓郁的"城墙根"情结。视频以郑州商城城墙为前景，采访老、中、青不同年龄段、不同职业的曾经生活在商城城墙一带的普通群众，谈他们对郑州商城的感受、儿时的记忆、商城的变迁等等，忆过往，看今朝，展未来。

视频开篇选取遗址与城市生活交融的场景——晨练的人群，在遗址公园玩耍的儿童，到站的公交车报出商城路的街道名……引出遗址的生机盎然，遗址与现代城市交相辉映，共荣共生。通过普通人之口，讲述城墙的历史、概况，让观众感受到生活在这里的人对遗址发自内心的热爱；通过普通人之手，触摸残垣断壁，触达煌煌大商。我们选取商文化元素在城市中的应用场景，昭示商文明与现代文化的融合，对郑州的城市文化气质的影响。它使郑州在日益趋同的城市发展中，彰显出独特的文化魅力和特征。

（四）其他数字化展项

1. 4D影院

4D 影院位于郑州商代都城遗址博物院一层，序厅正下方，面积约 380 平方米，可容纳 45 名观众同时观看。

影片《商颂》以《诗经·商颂》《史记·殷本纪》《尚书·汤誓》等历史文献为蓝本，讲述了从商族诞生到商汤立国之后的故事。影片以一个小女孩的视角，带领观众穿越时空长廊，沉浸式体验玄鸟生商、服牛乘马、景亳之会、商汤立国、营建王都、桑林祈雨等商族历史故事。第一视角配合 4D 互动体验，让观众仿佛身临其境，进行了一场奇妙的时空之旅。

2. VR实景游览

随着互联网技术的发展，近几年，"云展览"已成为博物馆不可缺少的项目，各馆纷纷开发线上展览。"巍巍亳都　王都典范——郑州商代都城文明展"也在微信公众号上线了 VR 实景游览，360 度全景式呈现，观众可以在线上"云"逛博物馆，不仅能看——看重点文物介绍与高清照片，还能听讲解，获得更丰富的观展体验。

六、展览的实施

（一）博物院建筑的设计与实施

　　70 多年的考古发掘、科学研究和保护展示工作的积累，为郑州商城遗址博物馆建设奠定了基础。建设博物馆的设想最早酝酿于 20 世纪七八十年代，2004 年编制的《郑州商城遗址保护规划》（文物保函〔2008〕1319 号）提出了建设郑州商代都城遗址博物院的前景规划，2011 年选址设计方案经国家文物局批准（文物保函〔2011〕1796 号），并在郑州市发改委立项。博物馆于 2012 年 6 月的文化和自然遗产日奠基，2015 年底项目建设用地范围内完成征迁。

　　博物院建筑建设于 2016 年 10 月开工；2017 年 4 月，主体建筑正式封顶；2017 年 12 月地下室主体结构验收；2018 年 10 月，主体钢结构验收；2019 年，完成外立面和钢结构施工，公共区域艺术装饰工程经郑州市政府批准、市建委备案，准备启动设计施工一体化招标；2020 年，公共区域艺术装饰工程完成招标、方案设计确认、制作加工；2021 年 6 月，建筑公共区域艺术装饰工程完成安装和验收，12 月 19 日试运营开放；2022 年，根据博物院试运营期间发现的问题及观众反馈，进行各方面的提升工作，提升公共区域配套基础设施（窗帘、贴膜）、雨污水处理等工作，提升完成后基本满足博物馆正常开放的需要。

博物院建筑在设计之初，陈展的思路就已经融入其中。建筑外观设计以郑州商城夯土城墙为基本元素，与遗址风貌融为一体。建筑限高 12 米，为了满足展厅高度需要，一层做了下沉 2 米的设计。参观路线做了前期规划。序厅做成了无柱结构，屋顶为钢结构整体浇筑。第一展厅做成双层上下挑空无梁柱的钢网链结构，整个展厅层高 14 米，方便后期陈展的内容设计。那时就已经设计了基本展厅、临展厅、文创区、多功能 4D 影院、报告厅、公共空间等博物馆的基本结构。

公共空间的艺术设计在实施中与建筑施工分开，单独招标。聘请清华美院专家张武教授做艺术指导，由天津美术学院雕塑专业团队做专业设计。设计中根据建筑现场的空间实际，结合我们馆专题中的商文化元素内容进行艺术装饰设计，几易其稿，充分征求各方意见，最终形成定稿。实施中采用各种工艺手法表现郑州商都文化的精髓，立体塑像采用泥塑、翻模、浇筑工艺，墙面装饰采用紫铜锻造工艺，另有橱窗文物元素的艺术品装饰采用建模、3D 打印、翻模铸造等工艺。设计合理，装饰风格多样，丰富了博物馆公共空间的文化元素，与建筑和展览相融合，相互衬托，相得益彰。

（二）陈展的主要程序和施工的实施推进

1. 陈展的主要程序

2017 年 8 月 14 日，郑州市发改委完成郑州商代都城遗址博物院陈列展览项目建议书批复；2019 年 7 月，发改委批复陈展项目可行性研究报告；2019 年 10 月，发改委完成初步设计方案的批复；2020 年 6 月，完成项目施工和监理的招标，9 月底开始施工；2021 年 12 月 19 日，郑州商代都城遗址博物院陈展项目常设展厅和临时展厅所有陈展施工完成，文物布展完成，设备调试完成，开始试运营对外开放；2022 年，主要跟进常设展厅及临时展厅基础装修提升工作，完成陈展工程竣工验收一系列相关工作，7 月 26 日正式开馆。

2. 陈展实施

陈展工作在建筑施工时就已经提前展开，展厅布置和建筑施工同步进行，以节约时间和工期，同时在展厅设计时和建筑公共空间部分施工相互借鉴，做到整体装饰风格相统一。

作为一个新建成的博物院，郑州商代都城遗址博物院整个展览以商都历史文明为核心，除了最常用的基本展示手段外，展厅内充分利用沙盘模型、场景复原、艺术作品、多媒体技术、声光电技术、三维扫描和 3D 打印技术等辅助手段丰富展示内容，给观众带来沉浸式的体验感。

序厅在弧形的展墙上，通过巨幅环形浮雕生动地展现商朝的恢宏历史，实现对商代历史文明的艺术解读。在进行艺术设计时，我们参考建筑公共空间艺术装饰的形式内容和风格特点，既做到人物形象和题材元素的统一，又在艺术表现形式上有所区别。浮雕首先依据展厅高度做出等高的泥塑，既使七个故事相互独立，又保持了画面的连续性。加工完成后翻模，以玻璃钢材质为装饰材料，既坚固又方便组装，同时也减轻了楼层的承重压力，同时最大限度还原浮雕泥塑的艺术特点，整体效果完全像一面环形的泥塑浮雕墙，营造出震撼的艺术效果（图 3-57）。序厅顶部，铜质的年轮造型吊顶铺满整个序厅，地面城市形态变化投影与年轮顶饰上下呼应，传递郑州古今同地、生生不息的城市特点（图 3-58）。

第一展厅充分利用展厅上下层挑空的特点，为大型沙盘的展示提供了有利

图3-57　序厅新型材质环形浮雕（上）
图3-58　序厅顶部年轮造型（下）

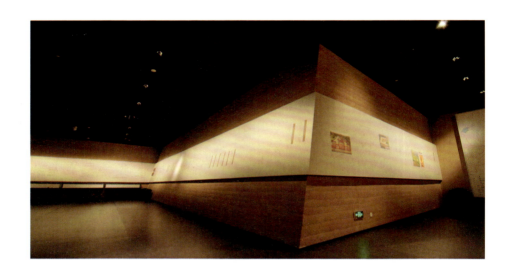

图3-59 城墙夯土墙背景装饰

的环境条件。展示早商王都布局规划的复原沙盘和数字投影、视频解读相结合，
生动呈现郑州商都的整体布局和功能分区。在实施中，展厅在原来建筑设计的
基础上又增加了钢结构设计，拓宽环廊走道，方便观众参观。整个展厅设计将
环廊作为观展平台，并承接平台修筑缓缓而下的观展步道和台阶，增加大沙盘
的周围的城墙造型布局，预留观众观看沙盘和投影视频的窗口。展厅设计安装
多媒体投影机的独立大型桁架，可整体上下升降，方便后期维修维护。大沙盘
和多媒体视频内容根据现有考古发掘成果推演制作，反复校对，并根据最新考
古发现成果不断更新内容。

　　第二展厅以场景复原为主。整个展厅以夯土城墙的艺术形式作为背景装饰，
采用新型材料模拟城墙夯土的文化元素，展示遗址的重要特点（图3-59）。

　　展厅内以微缩场景复原的形式，对郑州商城内的布局进行了精细化展示。

展厅内模拟还原了筑城、宫殿、铸铜、制陶、供排水系统、青铜器窖藏、祭祀等场景，以最生动的方式将商代都城的重要考古发现呈现给观众，让观众从复原厅的宏观体验进入局部的微观体验。同时在展厅内展出重点遗迹，一方面可以丰富展览内容，让观众对遗址有一个更直观的感受；另一方面也是博物馆对遗址做出的保护措施。

　　版筑法场景展示出城墙的营造方式是采用分段分层、集束夯筑的版筑法的筑城工艺。我们在参考大量考古发掘图片和文字资料的基础上，做出版筑法场景模型，并在参考以往材料的基础上在多个地方进行了创新改进，通过艺术加工人物和用具模拟还原展示修筑城墙的场景，同时也采用多媒体视频帮助观众了解商代城墙的修建过程。模拟场景的主要创新之处有：木板和木棍都是真实的木质材料，木棍和木板的绑扎结合表现出了"版筑"相夹，已经完成的城墙用线表现出来层理结构，主城墙和护坡施工方法不一样，夯层线也表现得不同，在平面上做出来夯窝的样子，模型人物是先泥塑再翻模做出来的。模拟场景总体要表现的是古代城墙"版筑法"夯筑的施工工艺方法，即在筑墙时四周用木板相夹，板外用木柱支撑住，并绕过桩用绳将板缚紧，然后在木板之间填满黄土，直到垒筑到预定高度之后再拆去木板木柱，夯土城墙连起来就筑成了一堵墙（图3-60）。同时在场景展示的旁边我们又增加了一段详细介绍版筑法工艺的多媒体视频辅助场景的展示，使观众更加直观地理解中国古代一直沿用传承的版筑法工艺。

　　郑州商代都城宫殿院落模型以C8G15基址为蓝本，依据偃师商城、洹北商城等同时期或年代相近遗址推测复原，其重要特点是四阿重屋、茅茨土阶。

　　我们在展厅内等比复原了水道和蓄水池（局部），在底部通过灯光营造出水光潋滟的逼真效果。水道上方有视频动画对排水设施的建造和使用方式进行演绎与讲解。

　　展厅入口的形象墙是郑州商城内城南城垣紫荆山路东侧剖面的复原展示，这段城墙采用高精度三维扫描，并用3D打印技术完美复原雄伟城墙的剖面（图3-61）。

　　郑州商城遗址许多考古工作都是为了配合城市基础设施建设而开展的，因此一

图3-60　版筑法复原展示（上）
图3-61　3D打印复原城墙的剖面（下）

些重要遗迹无法原地保护进行展示，例如夕阳楼祭祀遗迹中的人骨、猪骨，部分考古地层，内城垣部分夯土等。我们通过整体套箱提取并采取保护措施后，在此次博物馆陈展中进行了展示。此次所展示的猪骨、人骨出土于内城西南部的夕阳楼祭祀遗址，其中猪骨祭祀坑是整体套箱提取展示，人骨祭祀坑在整体套箱提取后发现下层有其他祭祀遗存，出于文物保护的需要，我们做了三维高精度扫描，用3D打印技术复原人骨祭祀坑进行展示。展厅内所有的复原都是为了追求更加真实的效果，复原体表面使用的土质原料是商代地层考古发掘出的土壤。

三维立体扫描和3D打印技术的运用，充分还原了遗迹和考古发掘现场，最大限度地保护了文物和文化遗产。新技术的运用也减少了展厅施工的难度，节省了资源和成本。视觉感官上无差别的遗迹展示，带给观众亲临现场的真实感和体验感。

第三展厅以文物与展板、多媒体、辅助展品等形式，展现商代都城的人群与社会，再现大邑商都的城市生活。其中代表郑州商城王都性质和面貌的重要文物采用文物复制来进行展示，如杜岭一号方鼎、大圆鼎、窖藏坑出土其他重要文物、卜骨占卜流程、牛骨刻辞等。

根据晚商甲骨的记载，展板结合复制的文物辅助展品，展示了甲骨占卜的过程，包括甲骨的取用、甲骨的整治、甲骨钻凿形态、占卜内容的刻写、卜用后处理等（图3-62）。专家的视频讲解与祭祀场景动画相结合，为观众提供更深层次的展览内容。

展柜里展出了郑州商代都城出土带刻画符号的陶器和带有刻辞的牛骨，并展示了其他地区出土的晚商时期甲骨。由于字符都比较小，所以主要借助放大镜，以固定的角度方便观众观看。

由于许多文物已经脱离了现代社会的使用功能，不被人们所认知，所以我们配合辅助展品和展板，更好地展示了郑州商代都城出土的工具与使用方式。如用麻绳编制复原渔网，形象展示网坠的使用方法；借助辅助展品还原再现箭镞、石镰、石球弹丸、纺轮等文物的使用方法。

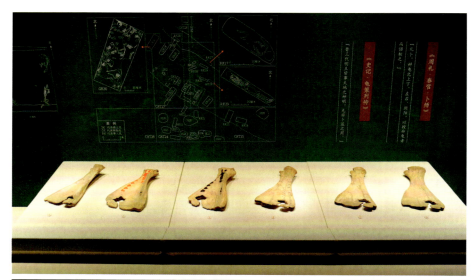

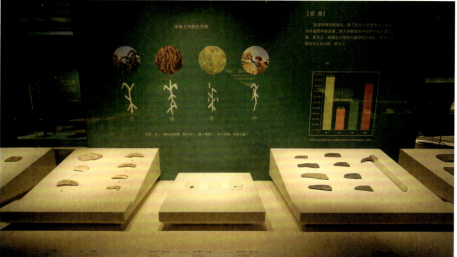

图3-62　还原甲骨占卜的过程（上）
图3-63　商代农作物和先民的饮食结构（下）

图3-64　展现国家交通与控制的艺术设计

　　在居民饮食部分，采用出土植物碳化种子、甲骨文中粮食作物的字体和所对应的现代作物图片共同展示先民的饮食结构（图3-63）。

　　展柜里增加展现了复原铸铜的流程的辅助展品，展示了铸铜工序的最后一步：用砾石把铜器的表面打磨平整，展现铜器刚做出来时金光闪闪的模样。所以古时候人们也把青铜器叫作吉金。

　　为展示商朝的地域控制和交通资源对国家命脉的影响，在展柜展示中我们以道路、车轮、车辙为元素，意象化地表现商王朝广阔的疆域及对四方之域的控制（图3-64）。

　　为了让观众更好地认识和理解相关重要考古发掘成果，在展板内容中我们应用现代的复原建筑图片表现考古发掘成果，如东下冯的仓储设施的还原用现代粮仓表现其重要功能。在展示新郑望京楼遗址东城门的考古发掘时，我们采用不同颜色的区别标识展示城墙、护坡、壕沟、城门、道路等遗迹线图，清晰明了。

图3-65 坡面屋顶样式空间吊顶展示

　　唐宋风物部分作为一个相对独立的展示空间，我们采用一种全新装饰形式表现郑州唐宋时期的文化特点。我们用铝合金轻质新型装饰材料表现古建筑的坡面屋顶，作为局部空间吊顶，独立展柜配以门窗样式结构背景，凸显文物的时代特征（图3-65）。

　　在研究保护部分的展厅结尾处，我们展示了考古人曾使用过的书桌、台灯、椅子、自行车，桌面上放着考古人工作手稿，营造考古研究人员青灯黄卷、夙兴夜寐的艰苦工作场景（图3-66）。

　　展厅结尾处，我们展示了一个郑州商城遗址早期的文物保护标识碑。该标识碑为20世纪六七十年代所立水泥制界碑，落款处的"人民政府"有涂改的痕迹，历经多年风雨沧桑，如今也成为展厅中的一件重要文物，注视着来来往往的观众（图3-67）。

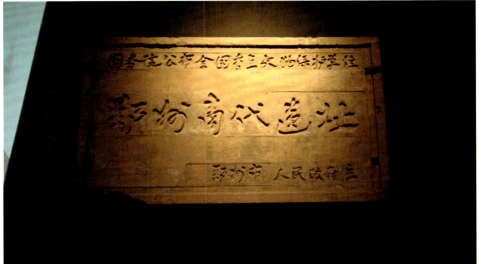

图3-66　考古人工作场景还原（上）

图3-67　郑州商城遗址文物保护标识碑（下）

（三）展览后期的提升工作

2021 年 12 月 19 日，展览试开放运营后，我们不断听取各方反馈意见，在展厅的结尾处专门设置了留言台，供大家留下意见和建议。专家学者、业内同行、博物馆参观爱好者、普通观众等提出了许多良好的意见和建议。2022 年 3 月，受新冠疫情影响，博物馆闭馆，在此期间我们对展览进行了优化升级。

首先，改进了参观的导览和标识系统。我们根据展厅布局，重新设计了一整套完整的标识系统，并优化改进参观路线，增加电子导示屏幕和导示标牌，使观众的参观路线更加清晰明了。

其次，优化改进展厅内多媒体视频内容，增加展示内容。对展厅内各视频进行逐帧校对，保障画面展示的正确和严谨性。大沙盘投影视频内容调整，使之与解说词相互配合，表达更加精准。同时又增加近两年的最新发掘成果，如书院街贵族墓地的重要发现和夕阳楼祭祀场的发现，体现出郑州商城考古发掘的最新成果。

再次，优化提升展板内容和文物标牌，增加展柜文物的展示手段和展示形式。随着展览的展出和观众的关注，很多观众对展板上的一些错别字和表达提出了一些有益的建议，一旦发现我们立即更改，同时我们对文物标牌也重新进行了优化和提升，重点文物以特制标牌的形式作重点介绍。放置定制的放大镜展示甲骨刻辞文字和文物细节处，增加劳动工具的使用方法辅助展品，如展示镰刀的木柄用现代有机材料代替以作区分，箭镞的梃部也采用现代材料代替。

最后，增加展示的内容和形式。我们根据专家意见，在第一展厅中国都城规制的发展部分，增加展示二里头都邑平面布局展板内容，使展示更加合理丰富。在体现郑州商城的国家控制力的内容部分，增加小沙盘的立体投影视频，介绍各地方城邑的形制和文化面貌，观众能够通过视频内容，更加直观地了解早商时期二里岗文化的影响控制范围。我们又在展柜中增加了晚商时期小胡村墓地的重要文物展示，根据展出的文物修改展板，通过放大的文物照片，表现展出对应文物的丰富的个性特点，使观众更清楚地看到文物的真貌。

（四）郑州商代都城遗址博物院陈展实施重要时间节点

2010 年 4 月，商都文明展策划方案（初稿）完成，提出对展馆的陈列策划走在建筑设计前面的新思路。

2018 年 1 月，组织领导小组、策展组、顾问组联合对陈展框架进行论证，就其主题、体系、内容、展品、辅展、形式等提出明确意见和建议。

2018 年 1—6 月，策展组完成陈列大纲初稿。

2018 年 6 月—2019 年 8 月，讨论、完善陈列大纲初稿，修改完善定稿。召开论证会，修改并确定展览大纲，完成形式设计与论证。

2020 年 6 月，完成展览制作招标工作。

2020 年 10 月，开始省市相关单位文物借展相关工作。

2021 年 9 月，完善展览中艺术品、多媒体、互动体验等各分项制作，完成基本陈列的施工制作。

2021 年 11 月，调集文物，布展完成。

2021 年 12 月 19 日，试开放。

2022 年 3—6 月，广泛征集社会各界公众意见，对陈列进行整改完善。

2022 年 7 月 26 日，正式开放。

巍巍亳都　王都典范

The Mighty Capital Bo,
A Paragon of Royal Capitals

古城与今人的共鸣

　　除了精心策划的展陈，郑州商代都城遗址博物院举办的系列活动与宣传对于促进文旅文创发展，拉动周边相关产业产生了持续和深远的影响。自 2022 年 7 月开馆至 2023 年 11 月，博物馆游客量达 60 万余人次，2023 年平均游客量比去年同时期增加了 500%。2023 年"双节"期间，单日到访量更是破万人次，接待 1255 场次，接待人数 10.05 万人次，研学 78 场次，社教 25 场次，微信公众号粉丝量达 12102 人。我们共举办了五场讲座、两场直播，讲座现场听众超过 1000 人次，线上观看直播量超 15 万人次。博物馆承办国家和省市级以上大型会议和活动 9 次。作为一家年轻的博物馆，我们的团队在很多方面还存在不足，期待着在实践中边发展边完善，边学习边提高。

一、多维观展

　　一个博物馆就是一所大学校。博物馆系统完整地展示一个国家、一个民族历史文化艺术成果和发展历史，收集、保存、研究和传播的文化遗产，承载着中华民族的基因和血脉。博物馆在历史与现实、文物与公众之间搭建起一座桥梁，让受众了解优秀传统文化，帮助今天的人们形成和巩固对自身文化的归属感、认同感和自信心。作为一家新成立的博物馆，为了不辱使命，我们组建了以考古学家、博物馆专家为成员的项目团队，编制策划方案、陈展大纲及内容脚本，先后召开了六次专题研讨会，并邀请李伯谦、王巍、刘庆柱等著名专家进行学术把关，字斟句酌、数易其稿，形成最佳方案。深入观众进行调研，在陈展逻辑体系、语言表述、形式表现上满足多层级的观展需求。

　　观众既是文化的消费者，也是文化的传播者。"一千个读者就有一千个哈姆雷特。"尽管展览在策划之初就已经拟定了主题和中心思想，但是每一场展览对观众的吸引点却因受众的不同而有所不同。如，对历史感兴趣的人比较关注展览中的历史信息传递；对文物感兴趣的人会对展示的文物做出较多的评价与讨论；注重观感美学的观众会惊叹于展览中某个场景的布置或色彩的营造；孩子们则更多地乐于体验多媒体带来的沉浸式感受；等等。一场展览不可能将所有的内容都事无巨细地完整呈现给观众，还需要每一位观众通过实地观展来主动寻找和亲身体会。

　　2022 年下半年，我们对观众进行问卷调查，主要从认知、情感与价值、展览评价等方面来测度观众对郑州商代都城遗址博物院基本陈列"巍巍亳都　王都典范——郑州商代都城文明展"参观后的综合评价。综合其他遗址博物院经验，根据实际调研，我们将观众分为一般感知欣赏群体、阅读理解群体、研究思考群体、线上云观展群体。

　　针对一般感知欣赏群体，沉浸式的体验及通俗化的表述使公众在参观陈展之初就能够全面了解遗址整体情况。陈展交互式体验等数字技术的运用，使商城遗址陈展信息的传播更为直接和有效，深受青少年朋友的喜爱。

　　针对阅读理解群体，我们通过简洁、准确、专业的图版文字解释商王世系、盘庚迁殷、"前八后五"、制作卜骨、制作青铜器等学术问题。

　　针对研究思考群体，我们通过时空横向纵向的对比，来让观者思考感受郑州商城遗址的重要性。例如第一展厅，除了有生动直观的 3D 大沙盘，展板上也介绍了郑州商代都城在世界文明史中的显著地位，使观众能够在空间上横向对比思考郑州商城在世界文明史中的重要地位及和同时期世界其他古文明的异同。在第三展厅最后一个展板，我们列举了郑州商城十大未解之谜，吸引读者继续探寻商文明。

　　为了满足不同观众的参观需求，郑州商代都城遗址博物院推出了"巍巍亳都　王都典范——郑州商代都城文明展"基本陈列和临时展览"雕画汉韵——寻找汉梦之旅"的线上展览，跨越时间、空间限制，方便人们远程参观博物馆。

二、社会宣传

　　郑州商代都城遗址博物院是为保护和展示郑州商城遗址而兴建的遗址博物馆，通过展陈再现了王都的恢宏气势，还原出商代王室贵族和城市平民的社会生活，全面展示了商城遗址的文化内涵，努力讲好商都故事，受到国内外专家

图4-1　中外媒体记者参观郑州商代都城遗址博物院

学者、大中小学生、普通观众的一致好评。仅开馆期间，就有 15 家媒体发出了 26 篇宣传报道，并且宣传覆盖电视、广播、纸媒、新媒体等多种渠道。主流媒体和相关机构有新华网、《光明日报》、中国新闻网、央视新闻、《河南日报》《郑州日报》《郑州晚报》、郑州新闻联播、国家文物局、郑州发布、澎湃新闻等。郑州商代都城遗址博物院开通了官方微信公众号、视频号，进行各类活动的直播。系列宣传活动极大地提升了人流量，宣传了文化郑州，提升了城市文化品位，带动了周边经济活力，刺激经济良性发展。

　　2023 年，商代都城遗址博物院周周有活动、活动有宣传，9 月 14 日，"行走河南·读懂中国"中外媒体黄河行暨 2023 年中国（郑州）黄河文化月启动仪式在郑州商代都城遗址博物院举行。当日，来自中国、美国、意大利、新西兰、俄罗斯、阿根廷、匈牙利、西班牙、阿塞拜疆等国的媒体人走进郑州商代都城遗址博物院，参观 3600 多年前的商代城墙，了解商代早期都城的发展脉络，探寻早商文化（图 4-1）。

《光明日报》刊登了河南大学侯卫东教授的《郑州商城的城市生命史》一文。侯教授写道：古代郑州城的发展几经起伏，现在有部分城垣遗迹还保存在地表或地下，其城市生命一直延续了 3600 年以上，而商王朝早期王都是郑州城规模最大、规格最高的阶段。几千年来郑州的城市功能区划有长时段的延续，也有不同阶段的变迁，一直在新的空间、自然与人文互动过程中生存和发展。历代郑州城不是郑州商城城市生命的自然延续，而是长期历史选择、深厚文化积淀与优越自然环境共同作用的结果。郑州商城承载了中原地区距今 3600 多年前的历史文脉，其后 3000 余年文脉永续，值得高度珍视和悉心守护。

《人民日报（海外版）》刊登了报道《郑州商代都城遗址博物院——再现古老商都辉煌盛景》。报道中介绍："在河南省郑州市管城区东大街商都遗址考古公园内，有一座展示郑州商代都城历史文化的考古遗址类专题博物馆——郑州商代都城遗址博物院。自 2022 年 7 月正式对外开放后，参观人次已超过 40 万。基本陈列'巍巍亳都　王都典范——郑州商代都城文明展'今年获得全国博物馆十大陈列展览精品奖。馆内展出青铜器、玉器、骨器、陶器等文物 1000 余件，并结合沙盘模型、场景复原、艺术作品、多媒体等辅助手段，向世人揭开这座距今 3600 余年古都的神秘面纱，再现商代亳都的辉煌盛景。"

《郑州日报》9 月 15 日报道了《看"金覆面"　赏石刻拓片　郑州商代都城遗址博物院推出两项新展》。特展"奔流——鲁迅博物馆藏黄河流域石刻拓片展"展出鲁迅先生收藏的近百件珍贵黄河沿线石刻拓片。黄河孕育了辉煌灿烂的中华文明，滋养着每一位华夏儿女、仁人志士，鲁迅先生就是其中一员。他一生收藏了黄河沿岸的许多石刻拓片，内容丰富、形式精美。此次特展精选鲁迅先生本人珍藏的近百件黄河沿线石刻拓片和个人印章等文物。他珍藏的著名汉代摩崖石刻"汉三颂"中的"两颂"——《石门颂》《西狭颂》整拓，让史学和书法爱好者一饱眼福。通过此次特展，观众在走进鲁迅的收藏世界和艺术世界的同时，也通过鲁迅的收藏，更加直观地欣赏到黄河沿岸石刻艺术的精美绝伦、博大精深，深刻领略黄河文化和黄河精神的价值所在。

　　博物馆社会宣传的重要性不言而喻。它不仅有助于增强公众对博物馆的理解和认知，还能弘扬优秀传统文化，促进社会教育，提升城市文化形象，以及加强与公众的互动和沟通。通过精心策划的宣传活动，博物馆能够让更多的人了解和参与文化遗产的传承与保护，让文化的力量浸润到每一个角落。同时，博物馆社会宣传也是博物馆履行社会责任、服务社会的重要体现，它能够有效地推动文化事业的发展，为构建文明、和谐的社会做出积极的贡献。

三、观展评价

　　每一位观众都是一个传播者，好口碑是最好的宣传。社会大众通过各种渠道获得展览信息，吸引一批爱好者到现场观展只是展览宣传的基本目标。更多的观众在展览中获得知识信息，产生思考，将自己的所看、所想、所悟以不同的方式传播出去，带动其周边的人前来观展是展览宣传的更高目标。而展览的最终目标则是让尽可能多的人通过观展，对展览内容产生思考和讨论，使展览在深度和广度上形成延伸，在社会范围内产生情感共鸣，形成价值认同，实现博物馆之社会教育职能，为公众和社会服务。

（一）专家评价

自开馆以来，多位行业专家来馆参观，基本上都肯定了展览，认为展览运用了最新的学术研究成果，充分阐释了郑州商代都城的丰富内涵和时代价值，以其温度、亮度、高度、深度引发观众情感共鸣，实现了遗址保护与陈列展示的融合交汇的目的。商代都城代表了早商文明的发展高度，完善了展示中国早期文明发展的脉络，深刻阐释了商代先民所创造的灿烂文明。同时专家也提出了改进的意见和建议，如：进一步做好展览的通俗化解读；细化文物标牌，显示文物出土的最小地点；细化陶器的年代分期；把最新的考古成果尽快通过沙盘视频和投影展示出来；等等。

（二）观众评价

我们在最后一个展厅和服务台放置了留言簿，开馆虽只有一年，留言簿已经写满了十几本，里边有对我们的肯定与鼓励，也有对我们提出的意见和建议，在一页页留言里我们收获、学习良多。多数观者认为：我馆具有较高的知名度，不愧为郑州的新晋"网红"打卡地，在这里能够充分领略3600多年的商都文化，认识厚重与璀璨的商都文化，了解郑州生生不息的城市历史，拥有被古老文明、优秀文化默默浸润的安宁与获得感，给人带来了心灵震撼和难忘体验。同时他们也希望增加更丰富多元的互动活动。

有很多让我们备受鼓舞和感动的留言：

忙忙碌碌，辛辛苦苦奔波，何曾静下心了解下自己的城市，文化沉淀对一个城市形象的提升至关重要。"郑县"的自嘲，源自对自己家乡的不了解，希望此类的文化场所越来越多，希望郑州越来越好。

由商代之古都越历史之画卷观滚滚之黄河品文化之韵味。看着历史的长河日日东去，在这不尽的长河中，文化留了下来。穿越了3600多年的时光，与青铜器与古人的智慧撞了个满怀，感触很深，我希望古都能长久地留存下来，成为郑州的名片。

传承的力量，细节到位，人人都是文明的传承人，人人都是文明的保护者和观众，要产生共鸣，相识相知。通过这次参观，我感到历史课不应该仅在学校上，应该把历史课搬到博物馆，这样能使学生的体会更深刻，学习更有灵动性。再次感谢一代又一代的考古学者，没有他们的付出，我们也不能看到一个又一个会说话的文物，是他们让文物复活。

是目前我最喜欢的博物馆，因为这次参观回顾商王朝的历史，跟着导游的步伐了解，使我更深入地明白商王朝的起源、发展繁荣景象，深深地感受到来自历史的文化厚重感，这是中华民族文化之根。好的历史文化应弥久传承，一脉相承。作为中国人，很荣幸。愿中华文化越来越好。

也有质疑和提出意见，督促我们不断完善提高的留言：

郑州商城区域复原图中出现的东城垣外与外城相邻的古湖泊是以何为依据复原出来的？商城周边古水系与今天的郑州周边河湖水系有何承继关系？如何理解商城先民的生活方式，其生活与周边的水系是否发生关系？建议在展出中增加相关的复原依据（考古、古环境等）。

　　商都新馆开馆祝好，为可持续发展、自供自养，应充分开发商文化的闪光点，充分创新，从小点开发文物再创能力，搞好文创融入生活。例：个人非常喜欢郑州城隍庙瓦当，老虎造型古朴，憨态可掬，做成抱枕，想必会有市民游客喜欢，增强游客主动性。望越来越好。

　　郑州商代都城遗址博物院自开馆以来，获得大量好评，在高德地图郑州市博物馆中评分最高，排名第一；而在美团 App 中也获得用户的 5 分满分好评。许多参观者在网络上对郑州商代都城遗址博物院留下了真挚的评论：

　　郑州商代都城遗址博物院位于商都国家考古遗址公园内，是一座专题遗址博物馆，展出青铜器、玉器、骨器、陶器等文物 1000 余件，并利用沙盘模型、场景复原、声光电技术等辅助手段，展示郑州商城遗址出土文物、遗迹、考古研究、遗址保护成果等内容。整个博物院规模很大，外观方面用几何造型的建筑和城垣紧密结合，仿佛古今对话。内部的建筑设计也是线条感十足，尤其是青铜器外形的展厅和超长的斜走廊更是独具匠心。（高德达人"花"）

　　如其名，郑州商代都城遗址博物院位于商都国家考古遗址公园内，是一座专题遗址博物院，主要展示郑州商城遗址出土文物、遗迹、考古研究、遗址保护成果等内容，2022 年对外开放。考古院展厅贯穿上下两层，近期在博物馆一楼南侧大门入口处有摄影展。博物馆每天有两场免费讲解，或在一楼北入口服务台有讲解员可租借。有博物馆南门入口的挑空设计是一大特色，东侧巨大的落地幕墙可以看到远处的城墙遗迹，南侧再远处的城市高楼掩映在绿树之间，古代与现代、生活与文物在此交融，透过博物馆的漫长的楼梯台阶，再次感受历史的厚重。（高德达人"amap-260806436"）

四、馆内活动

（一）春风化雨，践行育人新使命

在物质和精神文明高度发展的今天，"以人为本，服务社会"已成为博物馆开展各项工作的出发点和落脚点，以中小学为典型服务对象，如何最大限度地发挥社会教育功能，郑州商代都城遗址博物院一直在不断努力地探索实践中。

郑州商代都城遗址博物院社教部共有工作人员 25 名，为满足博物院社会教育工作需要，开展了一系列培训及讲解大赛，不断提高队伍能力水平。郑州商代都城遗址博物院从 2022 年 5 月 26 日开始招募志愿者，共招募了 150 多名，经过初试，最终筛选出 91 名志愿者。组织志愿者到展馆参观学习，举行多次见面交流会，开展了志愿者 VR 体验服务、闸机及预约进馆的服务工作，举办了同河南博物院志愿者学习交流活动、同郑州博物馆志愿者交流活动。志愿者还参加了馆内举办的李仁清高浮雕拓片讲座、小小志愿者等活动（图 4-2）。

编制《郑州商代都城遗址博物院研学情况调研报告》，与时俱进，积极与其他博物馆联合，为新时代研学注入力量。仅刚开馆的 2022 年下半年，郑州商代都城遗址博物院举行的研学活动就有郑东新区小学研学活动、管城区长青路小学研学活动、文化路二小研学活动、五里堡小学研学活动、南学街小学商都文化主题研学活动、东关小学红领巾讲解员研学活动、工二村小学研学活动、郑州电视台小记者研学夏令营、大河报小记者研学活动、"探寻商都文化"研学活动、郑州商代都城遗址博物馆社教课程活动等。

2023 年 8 月 1 日，由河南省文物局策划、指导的"跟着著名考古学家去寻商"精品公益研学营开营。该营专门为已被中国高校录取的准大学生打造。在 4 天行程

图4-2　趣味知识普及讲座（上）
图4-3　商代晚宴在郑州商代都城遗址博物院北大厅举行（下）

里，研学团队奔赴河南安阳、郑州，通过专题学习、田野实践、交流体验，一路寻访晚期商城殷墟、中期商城洹北商城、早期商城遗迹，溯源中国商王朝的兴衰起始。8月4日，宾朋跪坐，行献、酢、酬之礼，食胙肉、云梦之芹、粟子饭，席间华夏古乐助兴……一场依托商周礼制精心设计的"商代晚宴"在郑州商代都城遗址博物院进行（图4-3）。

（二）因地制宜，开展商都特色活动

博物馆是文化吸引核，推动着文化遗产的保护利用，同时也阐释和展示着传播领域的科学研究和实践创新，对于繁荣文化旅游业有重要的意义。郑州商代都城遗址博物院位于城市中心城区，人员密集，交通便捷，作为城市地标，代表着郑州独特的城市文化脉络，参与城市文化形象塑造，能在未来城市发展中的文化传播及文化产业发展等方面起到关键作用。

郑州商代都城遗址博物院在元旦、春节、清明节、端午节、中秋节、国庆节等节假日开展了丰富多彩的科普教育活动，获得了良好的效果。如：喜迎新年，赠送春联活动；"拓福——把福气带回家"活动，社会公众可以现场体验拓片的印制过程；"寻商——开启您的寻宝之旅"盖章打卡；"正月十五猜灯谜　欢欢喜喜闹元宵"活动。

2023年"5·18"国际博物馆日，郑州商代都城遗址博物院推出了"最美读书声·博物馆奇妙日"读书会活动，将书与博物馆作为文化的桥梁联系在一起，为参与者带来独特的阅读体验；动感十足的"快闪活动"，将唱歌、舞蹈与博物馆的厚重历史文化相结合；非遗传承人在博物馆展示糖画和泥人泥塑等非遗技艺，让观众亲身感受非物质文化遗产的魅力。

图4-4　2023年"文化和自然遗产日"河南主场活动在郑州商代都城遗址博物院举办

　　2023年6月10日，"文化和自然遗产日"河南主场活动在郑州商代都城遗址博物院启动，当日，"商文化研究中心"在郑州商代都城遗址博物院揭牌，聚集了国内外商文化研究权威专家，委托重点课题，通过打造商文化科研整理基地，搭建科学研究和文化交流平台，出版相关研究成果，实现商文化研究领域的新突破（图4-4）。并邀请中国社会科学院学部委员刘庆柱先生做了以"黄帝、黄河文化的'中'与'中和'文化基因"为主题的商都讲坛第一讲。我们致力于引导社会公众走进博物馆，共享郑州文化遗产的魅力。

　　2023年中秋、国庆期间，郑州商代都城遗址博物院延时开放，从日常17：00闭馆延时至21：00。观众们制作兔子灯笼；在团扇上画出展厅中的各种文物；

通过手工拼接、铺面、捏纹饰和涂色，亲自制作一只属于自己的"青铜鼎"；举行节气海报创作分享会，感受中国传统文化的魅力。全国首个商文化主题沉浸式互动剧《商都往事》使玩家化身为夏末商初的时代角色，在非玩家控制角色（NPC）演员的引导带领下，观看演出、逛展馆、找线索，抽丝剥茧，完成任务，寻找最终的谜底。临展"奔流——鲁迅博物馆藏黄河流域石刻拓片展"展示了鲁迅先生收藏的各类石刻拓片，种类丰富，珍贵精美，在短短的 8 天时间内，游客量高达 6 万余人次。

（三）开放怀抱，举办高规格文化交流活动

　　郑州商代都城遗址博物院作为新成立的遗址类专题博物馆和商文明研究中心，在中国博物馆协会和上级部门的关心和指导下，多次举办高规格文化交流活动，以坚定的文化自觉和高度的文化自信，溯源历史、寻脉中华，推动博物馆事业向前发展。

　　2022 年 8 月 31 日，中国博物馆协会第七届第七次理事长会、第七届理事会第四次会议及中国博物馆协会成立四十周年座谈会在郑州商代都城遗址博物院召开。国家文物局党组副书记、副局长顾玉才，中国文物保护基金会理事长刘玉珠，中国自然科学博物馆学会理事长程东红，中国博物馆协会理事长刘曙光出席会议并讲话。来自山西博物院、河南省文物局、中国博协陈列艺术委员会等单位的 10 位嘉宾分别代表博协老领导、地方文物部门、博协专业委员会、博协企业会员、博物馆志愿者和青年博物馆人做了交流发言。国家文物局相关司室、中国考古学会、中国文物学会、中国古陶瓷学会、河南省文物局、河南博物院、郑州市文物局、腾讯公益基金会等相关单位负责同志和代表，以及出席了中国博协第七届理事会第四次会议的副理事长、常务理事、理事通过线上线下参加了座谈会（图 4-5）。

图4-5　中国博物馆协会第七届理事会第四次会议在郑州商代都城遗址博物院召开

2022年9月3日，第九届"博博会"主论坛——第二届国际博物馆青年论坛座谈研讨会在郑州商代都城遗址博物院召开。会议期间，来自全国博物馆的青年学者代表们就考古遗址博物馆的策展理论与方法、考古成果博物馆化展示传播的难点与对策理论等相关问题展开研讨。

2023年6月10日成立的郑州商代都城遗址博物院（郑州商城国家考古遗址公园）商文化研究中心由郑州市与首都师范大学、郑州大学、河南大学等高校共同发起，集保护展示、学术研究、宣传教育、文化交流等功能于一体，将聚集国内外商文化研究权威专家，委托重点课题，通过打造商文化科研整理基地，搭建科学研究和文化交流平台，出版相关研究成果，实现商文化研究领域的新突破。中心将积极参与"考古中国""中原地区文明化进程研究"等国家

图4-6　"情与境——让文物活起来到展览活起来"专题研讨会在郑州商代都城遗址博物院召开

重大考古科研项目，深入开展中华文明起源及夏商文明进程、中国早期青铜文明、中国古代都城形成发展、夏商更替和商代前期历史等国家政治文明方面相关课题的研究，开展商代社会文化生活等方面的主题研究，打造全国商文化研究的新高地。

2023年7月20日至22日，由中国博物馆协会陈列艺术委员会、中国考古学会考古遗产专业委员会主办，中国博物馆界首次关于考古遗址博物馆的高峰研讨会"情与境——让文物活起来到展览活起来"在郑州商代都城遗址博物院召开。会议邀请了来自良渚博物院、成都金沙遗址博物馆、二里头夏都遗址博物馆等30余家全国知名遗址博物馆参加高等院校的百余位专家学者围绕"情与境——让文物活起来到展览活起来"主题进行跨学科、多维度的研讨与交流（图4-6）。

黄河是中华民族的母亲河，河南作为中华民族和华夏文明的重要发祥地，伴随

图4-7   "行走河南·读懂中国"中外媒体黄河行暨2023年中国（郑州）黄河文化月活动启动仪式举行

着黄河文化的传承弘扬而发展壮大。

郑州是河南省会，历史悠久、文化厚重，充满活力、发展迅猛，潜力无限、后劲十足。9月14日，"行走河南·读懂中国"中外媒体黄河行暨2023年中国（郑州）黄河文化月活动启动仪式在郑州商代都城遗址博物院举行，2023年中国（郑州）黄河文化月活动正式拉开帷幕（图4-7）。举办此次活动，旨在深入挖掘黄河文化蕴含的时代价值，讲好新时代"黄河故事"，让世界通过黄河文化进一步了解郑州、认识河南、读懂中国。仪式后，与会人员参观了"奔流——鲁迅博物馆藏黄河流域石刻拓片展"。

图4-8　刘庆柱先生为商都讲坛第一期授课

　　"品读商都文脉，领略大家风采。"新时代文物活化利用极大地激发了广大民众的民族认同感、自信心，他们对中华文明进行深入了解和学习的渴望从"商都讲坛"的火热程度可见一斑。2023年6月，"商都讲坛"第一讲开讲，每月一讲，至2023年11月，已经连续举办了五期，分别邀请著名考古专家刘庆柱（图4-8）、中国社会科学院考古研究所研究员许宏、南方科技大学教授唐际根、中国人民大学教授韩建业、中国社会科学院考古研究所研究员何毓灵为社会公众讲授历史文化知识。在"商都讲坛"优雅的文化空间中，众多观众领略"大家"风采，涤荡文脉心灵。商都古韵在新的活力中变得有声音、有画面、有感情。"中华文明辉煌而灿烂，聆听讲座后，我们深深感到，中华民族千百年发展的不竭动力在此延续。"不少市民深有感触地说。

（四）激发活力，推动传统文化创造性转化

延时开放，将艺术活动、艺术市集搬进博物馆；借助前沿技术，云端"穿越"千年，数字化重生珍贵文物；挑选角色、换上服装，在博物馆里体验沉浸式互动……近年来，随着"博物馆热"的日益升温，郑州商代都城遗址博物院通过创新策展、研发文创等方式，尝试将文物的深度、历史的厚度、文明的广度，转化为特色馆藏的辨识度、观展人群的参与度，以及与日常生活的连接度，受到广泛关注。

结合商文化元素，上线沉浸式互动剧《商都往事》。《商都往事》将诸侯会盟、桑林祈雨等历史故事，都城修筑、青铜器铸造等古代技艺巧妙融合，设置NPC进行演艺、互动，全力吸引更多公众尤其是年轻人走进博物馆感受厚重文化的魅力，努力打造城市文化消费新地标，做好文化遗产的活态化展示。

2023年8月9日，"河南省博物馆主题旅游线路推广活动"启动仪式在郑州商代都城遗址博物院广场成功举行。让文物从展览活起来，让观众在观展中亦活起来，扎实推动中华优秀传统文化创造性转化、创新性发展，大力实施文旅文创融合战略。当晚，"浪漫商都"音乐节也盛大开幕。参与嘉宾与群众共同沐浴在商都文化氛围中，在城墙边欣赏轻松的音乐表演，享受浪漫商都文创食品。绚丽的光影交织成美轮美奂的画面，古典的乐曲在城墙上回荡，展示出新时代文物活化利用的新模式。

博物馆就像一座活跃的文化舞台，不断激发着社会的活力。无论是对于个人，还是对于整个社会，博物馆都有着深远的影响和重要的意义。在这里，我们可

以感受到对过去的尊重、对现在的热爱、对未来的期待。因此，我们应该珍视并利用好博物馆这一宝贵的资源，让其在激发社会活力、传承历史文化、增强社会凝聚力等方面发挥更大的作用。只有这样，我们才能更好地利用这一文化瑰宝，为社会的发展注入更多的动力和活力。

巍巍亳都　王都典范

The Mighty Capital Bo,
A Paragon of Royal Capitals

結 语

遗憾和期许

一、收获

郑州商代都城遗址博物院是为保护展示郑州商城遗址而兴建的专题遗址博物馆，是郑州商城国家考古遗址公园的核心标志性项目。它构建了城市古今文化联系，促进城市中心区大遗址保护与现代城市建设的和谐共生。基本陈列在定位、内容与形式设计上，是一次全新的探索之旅。在实施过程中，以考古学家、博物馆专家组成的专业项目团队，从展览定位、逻辑体系、语言表述、形式表现上均已突破原先对考古遗址博物馆展览的认知层次。在建筑与空间、灯光与氛围、形式设计与美感等方面，我们也摸索出了一些实操经验与理念，以期为同类型博物馆陈展工作提供借鉴。

第一，建馆之初，策划先行。在博物馆建筑设计开始之初，策展团队提出对展馆的陈列策划走在建筑设计前面的新思路，规划好符合展馆定位的陈列大纲，及时将陈列大纲提供给建筑设计人员，用博物馆的陈列策划引导建筑设计，使博物馆建筑兼具"实用性"与"审美性"。

第二，定位精准，扬长避短。定位于自己的特色，并把自己的特色无限放大，把自己的弱项尽可能地缩小。有一些遗址博物馆或小型博物馆展品不足，人员力量薄弱，我们也一样。受展品、研究能力这些因素的影响和制约，我们努力把现有能力发挥到极致，把商代都城遗址博物院最重要的文化内涵，把最想要表达的内容，通过各种方式展示出来，让自己满意。让自己满意，才有可能让别人理解。

所以，这个展览整个过程基本上没有走偏路，从早期的策划，到中期的专家论证，再到后期的调整和校正，不断完善、调整，始终沿着正确的轨道前进。在这个过程中，所有参与的人倾尽了自己的全力。

第三，通力合作，共同完成。做好展览，除了基本的陈展大纲、形式设计方案，后期的落地同样重要。如何把策展内容落到实处，这中间有很多路要走、有很多工作要做。其中和布展施工公司的协调配合，是展览成功的关键因素之一，是展览最终呈现效果的决定因素之一，和一个优秀的布展公司合作，展览就成功了一半。

合作过程中，我们和布展公司不断磨合，在磨合中努力打磨出一个好的作品。中间我们也有过互相不理解，有很多问题要沟通，有很多事情要协调，但双方目标一致，为了这个共同的目标通力合作，最终打造出一个理想的作品。

第四，培养力量，保持活力。馆内年轻一代工作者参与了博物院布展全过程。他们深度参与了展陈内容设计、形式设计，并参与布展方案的多次调整、修改和完善，在实践中积累了丰厚的经验。我们每个人都从中学到了很多，开阔了眼界，提升了工作能力。

作为青年人，要志存高远，锐意进取，既要有丰富的理论知识，更要有积极的心态，要参与到商代都城遗址博物院的发展当中，与博物院共同成长，积极贡献力量，发挥潜力。

二、遗憾

开馆以后，我们一直在收集社会各界人士的宝贵意见和建议。展览还有一些不足之处，这些问题我们还在不断地调整。观众的眼光非常独到，比如说发现了一些错别字，多人数次校对的展板仍有错字需要改正；比如考古发现新成果——二里头都邑多网格式布局的加入，表明后世中国古代都城的营建规制与二里头和郑州商城一脉相承。

　　展览持续通俗化。遗址博物馆展览很难做到通俗化表达，如一些郑州商城考古上的问题，很多现在还不十分清晰，在考古上还不清晰的情况下，怎么把这些问题清晰地传达给观众呢？我们只有利用现有的考古发掘和研究成果，根据多数专家意见，进行通俗化的表述。

　　我们尝试用博物馆的语言，把考古上难懂晦涩的信息通俗化地表述出来。比如复原厅大沙盘，因郑州商城遗址处于城市中心区，地下郑州城和地上郑州城基本完全重合，考古发掘工作要配合城市的基本建设，不能大规模展开。内城大部分区域未经过系统的考古发掘，呈碎片化的现状。我们利用现阶段研究成果，通过合理的复原，把城门、街道、宫殿、内城、外城勾勒出来。通过这些信息，让观众对商城遗址有一个宏观的认知。

　　遗址博物馆有自己本身的特征，一些固有的东西还要保持。我们将继续探索遗址博物馆并争取在通俗化方面有所突破，把宏大场景、文物故事等细节化、趣味化，让观众了解更多的知识。

　　和遗址发掘研究机构建立深度合作机制。遗址博物馆要做好基本陈列，离不开丰硕的考古发掘和研究成果，如良渚博物院、二里头夏都遗址博物馆、盘龙城遗址博物院等陈列，都依托了最新的考古发掘和研究成果。郑州商代都城遗址博物院面临的这个问题更加严峻，建馆之初没有一件馆藏文物，必须依托各个文物收藏单位的大力支持。后期如何与遗址发掘研究机构建立深度合作机制，需进一步商讨。

三、启航

　　品读一座城，不仅仅是仰望高楼大厦，更要俯察它的岁月沉淀。背靠雄伟巍峨的商代城墙，依托繁华都市中心的滋养，郑州商代都城遗址博物院融汇了风光秀丽的大遗址、精品荟萃的古建筑和数量众多的近现代重要史迹等多重文化资源优势，把数道文化光芒汇聚一体，是品读这座古都之城的最佳索引地。郑州商代都城遗址博物院也日益成为新的城市名片和城市文化会客厅。

（一）立商代都城遗址博物院形象

　　我们积极主办或承办各类大型活动，如"行走河南·读懂中国"中外媒体黄河行暨 2023 年中国（郑州）黄河文化月活动启动仪式、"文化和自然遗产日"河南主场活动、"情与境——让文物活起来到展览活起来"考古遗址博物馆陈列艺术高质量发展专题研讨会、"河南省博物馆主题旅游线路推广活动"启动仪式等，塑造商代都城遗址博物院鲜明的文化形象。

（二）树商代都城遗址博物院品牌

　　我们锚定商文化的价值传播，系统谋划商都文化品牌，形成品牌矩阵效能，带动相关文化产业发展，切实丰富人民精神生活。

商文化研究中心：加强与高等院校、科研院所、考古发掘机构的深度合作，建设商文化学术高地，着眼于打造商文化科研整理基地，搭建交流平台，加强科学研究和文化交流，出版相关研究成果的丛书、报告。

商都讲坛：邀请全国著名文化与考古大家，围绕夏商文明，尤其是以郑州商代都城为代表的早商文明，在郑州商代都城遗址博物院的文化空间开展高品质文化讲座，为讲述国家文明、传承中华文脉贡献郑州力量。

"文物面对面"：邀请全国知名考古文物、文化类专家学者，以"文物面对面"的形式，讲述文物蕴含的精彩故事。

"浪漫商都"音乐节：结合博物院室外文化空间，举办"浪漫商都"音乐节，绚丽的光影、古典的乐曲与大遗址、遗址博物院交相辉映、完美融合。

"商都往事"剧本杀：依托博物院内主题展览、商文化元素，融知识性、体验性与趣味性于一体，让观众以"古人"身份"穿越"回3600多年前的亳都，以全新方式通过文物讲故事，通过故事传文化。

（三）展商代都城遗址博物院特色

我们依托郑州商代都城遗址博物院开展了一系列丰富多彩的活动，如："博物馆里的诗词 课本里的郑州"校馆共建活动，在博物馆内上文化课，活化数字场景，创立少儿研学剧目，围绕第三展厅夕阳楼残碑遗存进行活化演绎；"商代晚宴"活动，宾朋跪坐，行献、酢、酬之礼，食胙肉、云梦之芹、粟子饭，席间华夏古乐助兴，复刻了一场商代晚宴，沉浸式体验商周宴飨礼仪和饮食文化。这些特色活动的举办，让观众不仅能学习文物知识，还能直观感受文化遗产的魅力。

（四）传商代都城遗址博物院力量

郑州商代都城遗址博物院自 2022 年 7 月 26 日开放后，在网上掀起了打卡热潮，央视新闻、《光明日报》、中国新闻网、新华网等众多主流媒体争相报道，年度报道数量达 500 余篇，频上热搜，好评不断。

通过多层次和高密度的宣传报道，博物院不断提升知名度，加强参与度，扩大美誉度，实现博物院及遗址公园客流量的显著提高，网络关注度及评价明显提升，扩大郑州的文化知名度、影响力，助力郑州"四地"和"重地"建设，以及国际消费中心城市建设。广大媒体、专家称赞商代都城遗址博物院为新的城市"金名片"和"文化会客厅"，更是问寻郑州这座城市千年根脉的归属地。

郑州商代都城遗址博物院将不懈努力，为共塑"行走河南·读懂中国"的文化旅游品牌，助力中华文明探源工程扎实推进，落实总书记强调的"构建中国话语和中国叙事体系"，"展现可信、可爱、可敬的中国形象"贡献自己的力量。

后　记

　　"中国博物馆陈列展览精品·策展笔记"丛书作为为文博领域的从业者与研究者提供策展创新的"实践参考书"，以及普通大众了解博物馆幕后工作的专业性、领略博物馆展陈之美的"观展指南书"，自第一辑出版发行以来，受到了热烈追捧，取得了良好的社会效益。郑州商代都城遗址博物院入选丛书第二辑的撰写单位，能够将展览从策划到实施的过程完整梳理出来并与各位同仁和大众进行交流，我们深感荣幸。

　　我们接到撰写任务是在 2023 年 7 月，郑州商代都城遗址博物院高度重视，召集陈展小组原班人马，以亲历者的视角，重现展览策划和实施的点点滴滴。历时一年，《巍巍亳都　王都典范：郑州商代都城遗址博物院基本陈列策展笔记》出版在即。本书分引言、导览、策展、观展、结语五部分，全面回顾展览历程，分享幕后的策展经历、理念探索、挑战对策、创新贡献，提炼策展的经历、理念、亮点与教训等，思索和探讨了城市中心区大遗址的博物馆保护展示之路。

　　参与本书编写工作的有郭磊、马玉鹏、李杰、孙雅斐、李静兰、汪翔、程慕言、孙华、赵俊杰。在日常繁重的工作之余加班写作，虽然辛苦，但在展览结束之后借此机会重新全面回顾整个展览历程，对于陈展小组每位同事来说同样意义非凡，甘之如饴。

　　感谢中国博物馆协会的大力支持，尤其是刘曙光理事长的细致指导。感谢浙江大学艺术与考古学院毛若寒博士，浙江大学出版社陈佩钰、杨茜两位编辑老师，以及各位专家学者在本书的编写过程中给予的支持与帮助。感谢在本书出版过程中每一位辛勤付出的工作人员。感谢展览策划和实施过程中河南省文物局、郑州市文物局及各单位的支持，感谢所有专家的指导，以及所有参与人员的倾情付出。在此致以最诚挚的谢意!

　　《巍巍亳都　王都典范：郑州商代都城遗址博物院基本陈列策展笔记》虽然付梓，但由于时间仓促及编写者水平的限制，还存在缺点和不足，敬请专家、学者、各位同仁批评指正。